品成

阅读经典 品味成长

一人公司

把自己当成一家公司来经营

阿猫　鱼堂主◎著

人民邮电出版社

北京

图书在版编目（CIP）数据

一人公司 / 阿猫，鱼堂主著. -- 北京 ：人民邮电
出版社，2024. -- ISBN 978-7-115-65460-1

Ⅰ. F272

中国国家版本馆 CIP 数据核字第 2024P8U013 号

◆ 著　　　　　阿　猫　鱼堂主
　　责任编辑　袁　璐
　　责任印制　陈　犇

◆ 人民邮电出版社出版发行　　北京市丰台区成寿寺路 11 号
　　邮编 100164　　电子邮件 315@ptpress.com.cn
　　网址 https://www.ptpress.com.cn

　　文畅阁印刷有限公司印刷

◆ 开本：880×1230　1/32

　　印张：6.625　　　　　　　　2024 年 10 月第 1 版

　　字数：129 千字　　　　　　2025 年 10 月河北第 11 次印刷

　　著作权合同登记号　图字：01-2024-4420 号

定价：49.80 元

读者服务热线：（010）81055671　印装质量热线：（010）81055316
反盗版热线：（010）81055315

本书赞誉

这本书从流量、营销、产品、生态、个人 IP 多个环节切入，帮助一些小团队打破误区，像公司一样运转，实现百万乃至千万的收入，值得一看。

——亦仁　生财有术创始人

两位作者都是实战派创业高手，他们分享的方法可操作性强，含金量很高。如果你想开启"低成本、高利润"的个人轻创业之旅，这本书肯定能帮到你。

——剽悍一只猫　个人品牌顾问，《一年顶十年》作者

把自己产品化运营、公司化运营，也是我一直提倡且践行了十年的理念，感谢我的朋友阿猫和鱼堂主写了这样一本书，把这种理

念方法论化，让更多人可以践行。这是未来 10 年普通人最好的升阶方式。

——粥左罗 《学会写作 2.0》作者，20 万人的写作教练

我亲眼见证了阿猫和鱼堂主的自媒体事业从零到一、一步步做大做强。因为亲眼所见，所以相信他们在书中的分享对普通人会有所帮助。大多数人只有看见了才会相信，但阿猫和鱼堂主，则更多是因为相信了自己，相信了自媒体，相信了团队的力量，所以才让我们得以看见。

——曾少贤 公众号"曾少贤"主理人

一人公司不是自由职业。自由职业是出售自己的技能，直接获取收益，而一人公司是将能力转化为产品，打造一个以个人为主体的商业模式。两位作者通过这本书，为想要经营一人公司的普通人建造了第一个阶梯。

——魏小河 90 后青年作家，书评人

阿猫属于我认识的年轻人中最厉害的那一批，他大学期间就没有毕业后打工的打算，而是在策划一人公司。他通过公众号和知乎，积累了几十万粉丝，之后又创业做了觉醒品牌。因为超出预期的交付和极为出色的增长能力，短短一年间，觉醒品牌的付费用户突破

了两万，他的经历、认知、方法论非常值得我们学习。《一人公司》这本书中有大量实用的方法和经验复盘，强烈推荐这本书。

——易洋　AI破局俱乐部创始人

未来是一个属于IP的时代，一人公司也仅仅是一个开始。祝愿这本书的每一位读者，都可以从一人公司起航，驶向百年企业之路。

——斯斯　闪光少女创始人

在这个人人都内卷的时代，本书却给出了不一样的解法，一个人也可以成为一家公司，尤其是书中的"商业五力模型"，给出了很强的实践指导，期待未来能看到更多人做成自己的一人公司。

——芷蓝　玩赚新媒万人社群主理人

站在经济学的角度，商业的本质是降低成本、提高效率、获取利润，在生产过剩的时代，流量和个人品牌崛起，随之诞生了很多新的商业模式，一人公司就是这股新浪潮的代表之一。在大工业时代，个体只能是大组织的依附者，而在互联网时代，个体可以掌握属于自己的生产资料，降低运营成本，提高链接效率，获取更大利润。

——达叔　《唤醒自己》作者

序　言

　　我们这一代人非常幸运，赶上了互联网和 AI 的大浪潮，这让一个人成为一家公司，有了更高的实现可能性。

　　我从大二开始经营自媒体，毕业后直接成为一家一人公司，独立跑通商业闭环，获得了利润收入，在这条路上探索了 7 年的时间。探索的过程中，我也看到越来越多的同行者参与进来，和我一起走上了这条另类的道路。我们互相交流、合作，于是也就有了这本书的诞生。

　　我把自己过去 7 年来一点一滴的积累和对想法的验证都写在了这本书中，同时，我也成功地用这套方法帮助很多小伙伴成为"一人公司"。衷心地希望这本书能帮助更多小伙伴用一人公司的方法过上拥有更多财富和自由的人生。

　　在读这本书的过程中，你可能会发现很多过去没有深入思考过的概念，例如流量、营销、产品等，希望你可以放慢脚步，逐个消化理解，做一些笔记，甚至可以把这些笔记和心得上传到互联网。这种"以教为学"的方式会让你学得更快。

书里讲的都是想实现一人公司就必须要理解的概念，其中包括一些商业认知。毕竟一人公司也是公司，想了解公司就要有这些基础的商业认知，一旦你掌握了这些，就更容易在一人公司的赛道上脱颖而出。

基于过去7年的观察，我发现很多人之所以没有走通一人公司这条路，就是因为他们局限于自己的专业，陷入"手里拿着锤子，看什么都像钉子"的状态。这本书会帮你打开视野，学会把自己当成一家公司去全面地经营。

希望这本书能够帮你发现新的世界，发现成为一家一人公司的乐趣所在，最终实现人生自由、财富觉醒！

如果你想提升这本书的阅读效果，更好地实践，也欢迎关注我的公众号"阿猫读书"。回复关键词"觉醒"，我会发给你一个与此书配套的"自媒体商业IP课"，有助于加深你对这本书的理解。

阿猫

2024 年 10 月

目　录

第一章

商业认知

■ 这个时代谁能满足他人需求，谁就能赚到钱。

■ 一人公司最核心的理念是：低成本、小规模和商业闭环。

■ 能满足他人需求的服务，就是你的产品。

■ 在未来的大趋势中，个人IP会越来越多，希望正在读这本书的你会是其中之一。

第一节

什么是一人公司

这个世界上有种神奇的组织，它存在的目标就是追求利润、创造财富，并且这样的目标居然得到了普遍认可。它的出现深深地影响了这个世界，并由此衍生了丰富的商业行为，这种组织就是"公司"。

随着时代的发展，工作岗位的逐渐细分，个人通过为公司工作得到的回报越来越有限，个人创业的门槛也逐渐增高，从传统公司中获得财富变得越来越困难。这时候，我们有必要重新审视一下公司这种组织：公司作为一种商业组织，个人应该如何理解并使用它呢？

从源头看，公司就是将一群人组织起来，从事生产、贸易或提供服务的商业组织。简单来说，就是一部分人被组织起来，通过生产和买卖，满足另一部分人的需求，这个底层逻辑是满足他人需求。

这个时代谁能满足他人需求，谁就能赚到钱。既然如此，我们为什么非要去公司上班呢？如果能独立地满足他人的需求，给特定的人提供服务，我们同样可以赚到钱。

确实，在互联网上已经有这么一群人，正在用一种新的工作形态来生活，一个人活成了一家公司。比如我的公司合伙人阿猫[①]，他毕业后就没去公司上班，而是在家通过运营公众号赚钱，后来又推出了社群产品服务，25 岁就赚到了人生的第一个一百万，一个人就获得了公司级别的利润。这就是我们想要推广的理念——一人公司。

如果一个人全职上班一个月可以收入 9000 元，那么赚到 100 万元差不多要用 10 年，但人生能有几个 10 年？如果一个人 10 年前就完成了资本积累，再把这些资本的力量持续到今天，又会如何？对比这两个人的差距，更加能体现一人公司的价值。

一人公司的概念

一人公司指的是，以一人为主体打造商业闭环的商业模式。一人公司最核心的理念是：低成本、小规模和商业闭环（如图 1-1 所示）。这种商业模式之所以能让人获得上班收入的十倍甚至百倍的利润，就是因为它能让一个人做到传统模式下一家公司才能做到的事。

一人公司追求的是低成本、小规模的创业模式。毕竟一家公司的运营成本越低，它存活下去的概率就越大，没有什么比一个人的

[①] 本书由阿猫和鱼堂主共同创作，本段内容由鱼堂主主笔，因此这里使用了第三人称。书中其他类似情况同理。——编者注

公司成本更低了。当然一人公司也不是说只能有一个人，只要不是单纯追求增长，而是关注高效地获取利润，小团队也可以使用这个商业模式，也能被称作"一人公司"。一人公司更多的是一种经营理念，只要你不追求盲目增长，坚持小规模、低成本地发展，就具备了一人公司的优势。

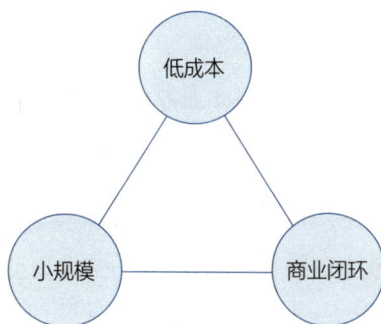

图1-1 一人公司的核心理念

如果要创办一家实体公司，没有几十万元的投入很难见到成果，而只维持一个人的生活成本却是很低的。比如，我在家创业只需要租房成本和使用网络的成本，剩下的就是付出时间和精力。维持一人公司的成本很低，但它能做到的事却不比一家公司能做到的少。

同样是经营一家公司，在营收一致的情况下，谁的成本更低，谁的利润就更高。如果一个人就完成了一家公司才能做的事，成本就能大幅降低，利润却能同一家公司相提并论，试想一下，其中的投入产出比有多大。这就是本书建议你开启一人公司这种商业模式的原因之一。

商业闭环

低成本、小规模，只是一人公司的部分优势，想要获得公司级别的利润，还需要像公司一样形成商业闭环。为什么公司往往比个体赚到的钱更多？核心原因是个人往往只能提供单个岗位产出的贡献，而公司提供的是整体项目产品。

比如一家公司通常会有许多业务板块，比如获取用户、提供产品、推广运营、服务变现等，每个业务板块的工作又可以被拆分成许多具体的岗位。公司在所有业务板块的共同努力下，获得整体项目的收益。而全职上班就是去那些被拆分后的岗位工作，就算再怎么努力，也会局限于这个岗位上的有限价值，只能获得与所创造价值对应的有限薪资。

公司从生产到盈利的过程，可以理解成一个商业闭环。公司可以获得整体项目所带来的高收益是因为公司掌握闭环，个人赚得少是因为个人只掌握节点。只有尽可能掌握更多节点、形成闭环，个人才能创造更大的价值。一人公司就是一个人掌握公司级别的商业闭环，这就是一人公司能够获得高收益的秘密。

想要一个人实现商业闭环，你需要具备四个基本要素：用户（客户）、产品、推广、运营。请记住如下这个公式：

商业闭环 = 用户 + 产品 + 推广 + 运营

下面，我们重点对用户和产品做一个简单的介绍。

一人公司的用户

商业活动的核心是满足他人的需求，因此，首先你要找到需要你的用户，然后给他们提供服务，这样你就具备了一人公司的基础。

凯文·凯利（Kevin Kelly）提出过"1000 个铁杆粉丝理论"，意思是一个人只要能找到 1000 个为你付费的铁杆粉丝，就可以生活得很好了。比如，有个 App 叫知识星球，你可以在上面创办付费学习社群，这里的每个社群都叫一个"星球"。假设你的付费社群中有 1000 位用户，每人每年为此付费 200 元，那么你就可以获得 20 万元的营收，这已经比大部分上班族的年收入高了。

我的合伙人阿猫，在创业 5 年内做了 10 个"星球"，营收可以达到 500 万元，这在过去是难以想象的商业模式。网络的兴起使得个体为多人服务成为可能。有了网络，获客和提供服务都变得更简单，只要你能为客户创造有价值的服务，只需要很少的"铁粉"用户，你就可以开启自己的一人公司。

一人公司的产品

一人公司之所以能具备低成本、高收益的优势，主要依靠两个核心：一个是具备商业闭环，能够赚到整体项目产品的利润；另一个是拥有可复制的产品，能够让收益成倍增长。

很多上班族的收入不高，实际上是因为大家是在"用自己的时间换钱"，再怎么努力也只能赚到一个岗位的岗位工资，收入很容易达到某个上限。

公司能够获得高额的收益，原因在于产品的可复制性。上面说的"拥有 1000 个付费用户就可以维持生活"的模式，本质上也是一种复制，即把自己擅长的某项能力，通过复制提供给 1000 人使用。

这种能满足他人需求的服务，就是你的产品，一人公司的产品通常有两个类型：可复制型产品和服务型产品。

1. 可复制型产品

公众号文章、音频课程、社群内容、图书等，都具备可以复制的特征。可复制型产品具有重复性特点，只需要你投入一次创造，就可以无限量销售、获取利润。

比如你拥有一个有 10 万粉丝的公众号，而你写一篇文章需要 1 小时，那么给 10 个人看和给 10 万人看的时间成本都是 1 小时；当你做了一门线上课程，无论是卖 100 份还是 1000 份，做课的成本都是一样的。

2. 服务型产品

咨询、线下课程、训练营、私教等，都是需要投入大量精力，且无法大量复制的服务。服务型产品针对的是某类具体问题或具体客户人群，更加有针对性，投入的资源成本比较高，通常适合做成高客单价的产品。

一人公司的分类

如果你想开启一人公司，有两个大方向可以作为参考。一种是互联网型一人公司，如鱼堂主、粥左罗、阿猫的公司，这些都是从互联网分享起家，慢慢提供产品服务的一人公司。

另一种是专业型一人公司，适合本身就有某种专业能力的人，例如，律师、设计师、摄影师等。这些有一定专业能力的人，原本在线下就有明确的服务对象和产品，只需要把专业服务放到互联网上就可以。

如果你本身具有某项专业能力，就可以从专业型一人公司入手，如果你没有具体的专业能力，也可以先在互联网分享内容、获取关注，慢慢积累自己的产品和服务。

这两种类型发展到一定阶段会形成交叉。如果你经营的是互联网型一人公司，那么随着不断地学习、积累和输出，你也会成为某个领域的专业人士。比如，粥左罗靠在网络上分享内容获得关注，后面慢慢提升写作能力，最终成为新媒体写作专家；鱼堂主[①]也是如此，开始时是利用业余时间做读书分享，后来成为职业读书人，以提供解读服务为业。

这两种形式在运营和营销上很类似，区别就是提供的产品和服务不一样。专业型一人公司本身就自带领域专家的属性，更容易构

---

① 本书由阿猫和鱼堂主共同创作，本段内容由阿猫主笔，因此这里使用了第三人称。书中其他类似情况同理。——编者注

建自己的 IP 形象，IP 经营起来更具有持久性，比如，罗翔老师的律师标签。这种领域专家的 IP 形象更容易被大众识别和接受。

如果你本身的专业属性不强，可以从互联网型一人公司入手，通过网络分享内容，获取"1000 个粉丝"的认可，通过提供产品和服务，一样可以开启自己的一人公司。

第二节

如何打造一家一人公司

现在聊起公司，很多人的认知还停留在"做大、做强"的阶段，这个观念在过去商品稀缺、规模优势有效的时代是符合需求的，但在当下这个需求多元化，人们追求产品个性化、定制化的时代，这种单纯追求增长和扩张的商业模式，已经很难满足用户的丰富需求。

而且公司规模大了，事也变多了，有可能赚到的钱还是一样的，但要多投入几倍的时间和精力，公司经营者的生活时间也会被占用。这种人生体验并不是很多人所追求的。

从我个人的体验来看，相比进入一家公司工作或创办一家大公司，一人公司的模式更"舒服"，这种模式下的收入足以让我过上不错的生活，而且也不用像大公司的经营者那样忙于应对竞争。

我经营自己的一人公司快两年了，因为规模小，团队成员可以通过线上办公完成工作，也可以去任何自己想去的城市生活。这两年我连续去了几个城市，在每个地方生活几个月，体验完就去下一个地方，如果用一句话来形容就是，这种不追求规模的商业模式太舒服了。

如果你也想拥有自己的一人公司，那在开始前先问一下自己：你创办公司的目的是什么？是为了实现自我、过上更好的生活，还是想成为一个伟大的企业家？

如果是前者，那么一人公司更能帮你实现愿望。如果你是一位职场人，想拥有一份不错的副业，那么你也可以用一人公司的思路来发展你的副业。

一人公司的核心就是：提供价值，满足需求，获得利润。这个逻辑跟公司运营逻辑是一样的，区别是，公司是通过团队组织完成目标，而一人公司则是由一个人或小规模团队来实现，通过降低规模和成本，最终达成利润的最大化。

想打造你的一人公司，需要记住两个核心要点。

第一，尽快让自己完成商业化。

开公司就是为了赚钱，商业的底层逻辑就是追求利润，你可以有情怀，你可以有追求，但要有一个清醒的认知，要先见到第一笔钱，先拿到能让你运转商业飞轮的利润。这一点非常重要。

想要你的一人公司运转得好，你就要尽快开始盈利，这才是你的公司活下去的基础。有能力完成商业闭环，能自给自足地经营下去，让自己的商业飞轮转动起来，这很重要。

作为一家公司的主理人，你需要尽快地跑通流程，尽快地测试用户的需求，尽快地提供产品和服务，开始时不需要做得太好或者赚得太多，只需要很好地解决问题，让一部分消费者满意。

在确定最低可行利润时，要找到这个平衡点，你的公司不需要额外的投入，你需要知道多少钱才能维持基本的运转，这个数目越少越好，越快落实越好。

就好像我的公司，有几个员工，目前没有办公室，公司需要投入的就是工资和维持公司运营的一些成本。只要我每个月赚的钱超过成本，就可以养活员工，并且不断去探索新的项目。维持公司运营的钱越少，实现成功的概率就越大。

所以，一人公司的首要理念是在成本上压到最低，这是让你有竞争力的基础；然后是找到自己的核心业务，降低成本和开销，保持小规模经营。

在这个阶段，活下去、能盈利，比增长重要。

第二，一人公司的优势是效率至上，因此行动速度要快。

一人公司没有资源优势和规模优势，唯一能够与竞争者比拼的就是效率。比如，对于同样一个机会，我在看到 OpenAI 发布了第3.5 代 GPT 后的第三天，就创建了一个 GPT 应用社群，而有些公司做出这样的决策比我们晚了两个月，参与社群报名的人数就少了一半。

之所以要效率至上的另一个重要的原因是，如果你不尽快开始行动，那你将什么都学不到。你不开始发内容，就不可能写好内容，你不开始做产品，就不可能把产品做好，所以快的本质是一种执行力。

很多人都在很努力地学知识，但大多数人都停留在方法论层面，比如，同样是做视频，单纯学方法是没意义的，必须上手拍摄、剪辑、发布几条视频才有意义。

无论别人的方法多厉害，只有自己上手去做，才能真正体会到方法的价值。只有把东西做出来，才知道对在哪里，错在哪里，要不要继续，该怎么优化，等等。

作为一人公司，无论你的产品是内容还是课程，都要尽快发布，然后根据情况不断优化，要以快制胜。别指望一次做好，而是要相信自己能不断变好。以小规模起步的优势在于，你可以从少数几个客户入手，和他们直接对话——得到反馈和建议并改进。

梳理了以上两个核心要点，接下来我们来具体介绍，如何打造你的一人公司。

如果你明天就要从头开创一个公司，没有客户也没有粉丝，你该怎样建立客户群，怎样吸引新客户呢？有些人专业能力很强，却没有人愿意跟他合作，那么这个公司该怎么开启呢？打造一人公司，可以通过图1-2中的四个基本步骤来实现，下面我们来详细介绍一下。

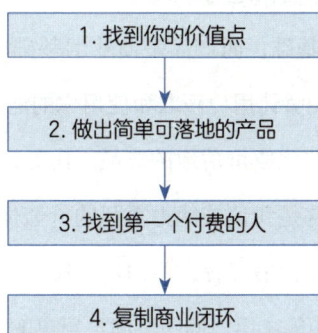

图 1-2　打造一人公司的四步法

第一，找到你的价值点。

　　一人公司也是按照公司的商业逻辑运转的，其核心还是提供价值，它只是规模小、低成本地运营，一个人就做完了一家公司的所有工作。

　　找到你的价值点，把它交给需要的人，这就构成了最基础的商业行为。而且你的这个价值点要真实，要有客户愿为此付费才行。比如，我在公众号免费为大家解读超过 100 本书，经过长期的分享，我得到了很多对我的分享有兴趣的同学的认可，大家知道我是职业读书人，如果想学习读书方法、解决与读书相关的问题，找我就对了。

　　尽量找到或积累你的价值点，这个价值点的需求者越多，服务就越容易交付，你就能更快地完成商业闭环。

第二，做出简单可落地的产品。

价值是一切的基础，而产品是商业的基础。你具备某种能力，这是一种价值；你能够让用户获取和使用你的能力，这个就是产品。你需要尽快把价值转化成可落地的产品。比如，我开始时会解读和分享书中的内容，这是我读书能力很强的价值体现；后来我创办读书社群，把经验做成读书课程，帮助用户解决读书难题，这个课程就是产品。产品要能解决用户问题，满足用户的需求。

开始的产品不要太复杂，越简单越好，只要能够解决用户的需求、顺利交付就行，最早我做读书分享服务，用的就是社群的方式，而产品越是复杂，服务用户越是困难。

第三，找到第一个付费的人。

开始的积累期，你可以通过免费内容建立影响力，但后期就要找到你的付费用户，找到付费用户的重点不是马上让产品变现，而是去验证你的产品是否有价值。如果你的内容分享出来后有很多人夸奖，可是到了付费的时候却没有人愿意为此花钱，这样的产品价值就很虚。

商业的本质就是交换，你要把自己的能力产品化，让你的产品和服务被看到、被认可才行。找到第一个付费用户，为他提供专业的服务，然后再找到下一个，在这个过程中尽可能找到更多人，关注你的沟通方式和你提供的服务能否被用户理解并接受。不要抱着卖货的心态，不要让对方感觉你在推销，而是要先为对方提供有价值的建议，然后再慢慢推广你的服务。

第四，复制商业闭环。

一旦找到了价值点，拥有了产品，找到了付费用户，剩下的就是复制的过程，这也是一人公司赚钱的核心。

比如，这是我出版的第二本书，2022 年我出版了第一本书，在了解了出版的流程和价值后，我就可以继续出版相关的书。当你了解了一个商业活动的整体流程和方法后，剩下的就是不断地复制这个闭环，充分发挥它的价值。

从开始创办第一个"知识星球"到现在，五年时间过去了，我和合伙人阿猫已经创办了第十个"知识星球"。对我们来说，这就是通过不断复制商业闭环来做项目，不断复制成功的商业模式。

如果你想创办自己的一人公司，开始尽量不要过度投入资金，尽量先让企业"自循环"起来，尽可能先让项目跑通，再把赚到的钱投入公司，这样就能让企业靠自己运转。

很多一人公司刚开始都是先提供服务，然后再针对服务提供更高质量、更多品类的服务产品。比如，你开始时只是单纯分享怎么剪辑视频、怎么跑步，有类似需求的人会关注你，后面你能够帮他们解决更多问题时，就可以开始收费了。

把赚到的钱再投入公司，不依靠外部资金，就是一人公司的模式。一人公司说到底是一种新的生活方式，很多人喜欢自由职业，也是喜欢这种自由的生活方式——优化你的利润，提升幸福感。

　　当你赚到的钱足够覆盖自己的日常支出后，你就可以有很多选择，你可以不只是为了赚钱而工作，还可以有很多自我探索的机会。当我们不再在任何时候、任何地点都考虑扩大规模时，就能更好地享受生活了。

第三节

实现一人公司需要具备哪些动机和方法

我从一毕业就是一家"一人公司"，没有全职上过一天班，那么，为什么我认为自己不适合全职上班，到底是什么动机和方法促成我走向这条路的呢？原因有以下四个方面。

上班兴趣不足和收入天花板低

我是个喜欢新鲜感的人，但大多数人上班的模式都是成为公司的"螺丝钉"，需要长时间负责公司的某个板块，比较枯燥，这是我无法接受的事情。

更让我无法接受的是，这些工作不仅枯燥，收入天花板也相对较低。上班的商业模式是出售自己的时间去赚钱，想提高收入的话，要么需要提高专业度，要么就得加班。

但你会发现，专业度的提升空间非常有限，而且到了后期，提升难度就会呈现指数级的增加，甚至还会开始考验你的天赋和智力。

所以，如果想靠上班让收入达到非常可观的水平，比较困难。至于靠加班带来更多收入，这个更不用说了，一天只有 24 小时，即使我多干几小时的活，也不会使收入水平发生质的改变。

如果你对自己当下的收入不满，或者对自己的上班模式感到厌倦，那么这本书绝对是你的首选，一定要坚持看下去。因为一人公司虽然也要求你提高专业度，甚至一开始也要加班，但这种商业模式却是通过增加销售量来扩大收入，也就是说这种模式的收入天花板相对比较高。

打个比方，你在看完一本书后，可以成立一个邀请社群成员共同读书的读书群，在群里面带领大家一起读同一本书，一起交流、做读书分享等。因为你付出了劳动和运营成本，你可以向每个人收一定的年费作为服务费，虽然一开始可能不多，但你会慢慢体会到这种模式所带来的收获。

比如，你在运营读书群的过程中会发现，要想让这个群一直健康地运行下去，需要做一些管理工作；要想吸引更多人进群，需要更多渠道；要想让别人知道自己的共读群做得不错，需要宣传……这时，相对上班模式下那种"老板让我做什么，我就做什么"的被动思维，做读书群时，你的思维会更加主动，也会考虑得更加全面，时间久了，你的商业思维也就建立起来了。

优先做更有价值的事情

不想上班，是开启一人公司的动机。那么，在能力上我们需要具备哪些要素呢？

对于一人公司来说，老板的时间和精力是最宝贵的，关于如何不浪费时间地高效工作，有很多时间管理方法，但这些治标不治本，其实最核心的是一句话：做正确的选择！

一人公司的模式下，你是自己的老板，那么就需要你来把握整个公司的走向，判断当下哪件事情更值得做、更有价值，然后行动。那么，如何判断一件事的价值，怎么确定它是否值得做呢？

举个例子，一家公司想生存下去，刚开始最重要的是要有资金，怎样才能有足够的收入？答案是靠产品和客户，那么这就是你要重点去做的事情。但很快你会发现，做一个产品要投入很长时间，向客户完成交付也要花费很多精力，怎么办？

这时候就要思考判断：假设我先做产品，然后再找客户，手里的资金能不能支撑这家公司的日常流水？如果不能，我可不可以先不做产品，而是先获取客户、销售别人的产品，从而获取一定的收入，先让公司活下来呢？

对于一人公司而言，如果公司里的现有资金能支撑公司在三个月没有收入的情况下还能活下来，那么老板就要优先选择做三个月以内能保证收入稳定的事情；但当资金越来越充足，例如拥有让公司三年没有收入都可以活下来的现金流，那就适合好好花时间打磨产品，做出一款别人做不了的产品，以增加获取收入的渠道。

选择很重要，千万不要"只有三个月的现金流，却做了三年产品"。

学会购买他人的服务

在公司现金流充足的情况下，作为一人公司的老板，你需要进一步释放自己的精力，去做更加重要的事情。

这时候，对于公司里的基础事项、流程类事项、需要重复花时间的事项，可以外包给别人做。打个比方，请保洁阿姨打扫一小时的费用是 50 元，你不妨评估一下，自己花一小时创造的价值，是否大于 50 元？如果是，就购买服务进行外包，然后把这一小时用到更有价值的事情上。

只有心中拥有了这个概念，才能把更多时间放在更有价值的事情上。作为老板，千万不要太"勤奋"、事事都想亲力亲为。如果一件事情你能做到 80 分，而外包出去的话，对方只能做到 60 分，却能节省你的很多时间，那我也觉得这是值得外包的。虽然大多数人一开始只能做到 60 分，但随着你的"放手"，他们的表现会越来越好，分数会越来越高，最终会有机会超越你的成绩。

集中火力投入一件事

当你把精力投入最有价值的事情之后，就要开始集中火力去做了。巴菲特曾说，成功的秘诀是专注。记得我一开始做自媒体的时候，前两年的时间基本上都集中在做公众号上，一直埋头做。后来公众号慢慢能够持续给我带来收益了，也有了一定成绩，我才开始慢慢去尝试做直播、拍视频等，每一个新的尝试我都花了 1～3 年的时间去集中攻克。

　　这里我想和大家说的是，千万不要三分钟热度，不要听别人说哪里是风口就往哪里跑，然后不停切换赛道、做不同的事情，成功需要沉淀。大多数失败的人，都是"吃着碗里，看着锅里"，不断地追着各种风口，最后发现哪件事情也没做好。

第四节

把自己当成公司来经营

十多年的学习生涯让很多人都形成了一种"学生思维"，认为专业能力是最重要的，只要把专业能力提高了，其他一切都好办。这个逻辑乍一看好像挺正确的，但只要换个视角，代入公司的角色，就知道它错得有多离谱了。比如，如果一家公司认为产品是最重要的，只要产品做好了，其他一切都好办，这会带来收益吗？只有产品，很难持续带来收益。

现实社会是多元的，特别是在当前竞争越来越激烈的环境下，"一招鲜，吃遍天"的事早已不复存在。一个人的价值是由很多板块构成的，每个板块都不可或缺，个人的专业能力和公司的生产部门一样，只是诸多重要环节中的一个而已。

我经常把人比喻成公司，那么，如何像经营一家公司一样去经营自己呢？如图 1-3 所示，一家公司的经营有六个重要的板块，分别是：产品、广告、销售、供应链、品牌、财务。我们把这六点拆开，一点一点来看。

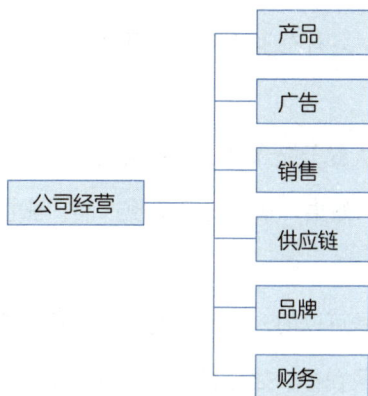

图1-3 公司经营的六个重要板块

产品（专业能力）

如果把自己比喻成一家公司，那么我们自身的专业能力就像公司的产品。

比如，你的写作能力很强，就可以开设写作课程，这个写作课程就是你的产品；你懂得自媒体运营，就可以开设自媒体社群分享经验，这个社群就是你的产品；你是瑜伽老师，就可以开设瑜伽班教授别人练习瑜伽，瑜伽班就是你的产品；等等。

这就是把专业能力转化为产品。

我经常听到一些人把"流量"这个词挂在嘴边，说要拿出全部精力"搞流量"。但客观来说，如果把专业能力比作"1"，那么后面的流量、销售、供应链、品牌等其他能力其实就是"1"后面的"0"，如果没有前面产品的这个"1"，后面即使有再多的"0"，也不会产生任何收益。只有有了"1"，后面每多一个"0"，才能进一步放大价值。

然而，过分执着于提升自己的专业能力而忽视其他能力，会出大问题。你想想，如果一家公司只重视产品，那它最后能成为一家好公司吗？

很多人以为是可以的，因为我们最容易看到的商业的冰山一角就是产品，但隐藏在冰山之下的还有很多东西，例如广告、销售、供应链、品牌等，这些都和产品一样重要，决定着公司的成败。现在市面上大多数产品同质化严重，也容易被复制，你能做的产品，别人也能做，在这种情况下，就很考验我们冰山之下的能力。

因此，想要被看见或者赚到更多的钱，那么除了提升专业能力之外，还要关注广告、销售、供应链、品牌这四个方面。

广告（流量能力）

公司的广告功能对应到个体身上，可以理解为"流量能力"。即使你的专业能力再强，如果不懂得如何为自己打广告，让别人知道你的能力强，你也未必能持续赚到钱。

如何获取更多的注意力，获得更多流量，对于个人而言，通常是由老板、合作伙伴等利益相关者来决定。

曾经有人在知乎上问过一个问题："如果可口可乐不打广告，它多久会倒闭？"答案是，预计三年后。因为即使是可口可乐这样强大的品牌，如果不经常打广告，随着它在消费者视野中出现的次数变少，其他对手一旦看到可口可乐不打广告了，必定会开始大规模打广告来获取客户，抢占用户的心智，那么很快可口可乐就会被消费者遗忘。

如果你看过可口可乐的财务报表，就会发现他们在广告上投入的成本极高，和生产成本差不多。这也反映出对他们来说生产和投放广告的重要性。

所以，不要以为只是先把专业能力搞好，再去提升流量能力就可以；也不要认为，"等我专业能力足够强了，自然会有人看到我，用不着打广告"。实际上，比我们专业能力强的人有很多，我们的专业能力很可能只是处于领域内的一般水平。在同等专业能力的情况下，别人只要稍微比我们多一点流量能力，就会赢，就会抢先一步获得成功的机会。

我认识一些人，他们的专业能力强，产品也做得好，但因为不懂得如何打广告、如何获取流量，客户想找他们都不知道该用什么途径，想想就觉得可惜。这个时代，各式各样的产品太多了，有能力做出好产品，并且懂得如何把产品曝光到用户面前，是一项非常重要的能力。

以上所说的就是想告诉大家：专业能力和流量能力的提升不分

先后，需要同步优化。

销售（销售能力）

销售能力也极其容易被忽视，这是很多人无法开启一人公司的核心原因之一。在传统工作模式下，人们通过出售工作时间来换取收入，例如健身教练，他如果每次辅导一个人需要一小时，那么一天最多服务 8 个人，而想为更多人服务就没有时间了。但一人公司需要的是可复制的产品，以健身教练为例，他如果制作了一套线上的健身课程，就可以把这套课程销售给上百甚至上千个人。此时，销售层面的思考变得至关重要——如何让更多人了解到这个课程、如何提高销售量等。

会销售的人与不会销售的人的差距是巨大的。以两个博主为例，他们销售同一产品，但最终销售量相差悬殊。A 博主售出了 1000 件产品，而 B 博主仅售出了 100 件，原因就在于，尽管他们的产品和流量都差不多，但销售策略却大相径庭。

销售数量的巨大差异造成了截然不同的结果。当销量增加时，每件产品的成本会降低，获利空间也会随之增大。同时，更低的价格可以吸引更多消费者，形成良性循环。

同样重要的是，如果一个人懂得如何销售自己的能力，他可以将一份能力转化为多份价值。这对个人发展的重要性不言而喻。在过去 30 年中，这是难以想象的。然而，现在互联网为我们提供了这样的机会。

以我为例，过去我通过单独回答问题可以为一个人带来价值。但现在，通过互联网，我可以将问题及其答案分享给更多人，把价值扩大了很多倍。

供应链（生态能力）

接着就是供应链能力，也就是如何和上下游进行合作。小时候我经常会玩一个叫《大富翁》的游戏，别人玩的时候一般是按规矩操作，但我一般会不断地思考怎么样先和别人合作，使得双方利益最大化，让 1+1 发挥出大于 2 的效果。在不断合作的过程中，我逐渐学会了如何与他人分享自己的利益，并以此为前提，寻求双方的合作。

当我开始做自媒体后，也与很多人建立了合作。这些合作有的是与更大流量的 IP 合作，有的是与流量规模较小的 IP 合作。每一次合作后，我都能感受到自己的价值和影响力得到了放大，收益也得到了增加。

以一个最简单的合作方式为例，我比较擅长获取流量，而我的合伙人鱼堂主则比较擅长做课程。我们通过互补的方式一起合作，可以快速将产品卖出并获取收入。如果我们各自单独获取流量或者各自做产品，那可能需要 3 年甚至更长时间才能卖出我们的课程。

在这个过程中，让我最感慨的是，我看到有和我同时期一起开始做自媒体的人，因为不懂得合作、不愿意合作，慢慢与其他人拉开了很大的差距。这让我深刻地认识到，合作共赢一定是最佳策略。

当你用合作共赢的方案来说服对方与你交易时，对方在第一次一般都会信任你，并愿意尝试一下。如果合作确实给他带来了好处，那么对方就会更愿意与你合作，甚至会帮助你说服其他人来和你合作。这就是所谓的口碑。

反过来说，如果你骗了对方一次，或者只是口头说有这么多好处，但实际上并没有实现，那么对方肯定不会再和你合作，以后也不会再给你介绍其他资源。这不仅会让你失去一个合作伙伴，还会给你的声誉带来负面影响。如果你长期不愿意与他人合作共赢，那么别人也会认为你是一个不可信的人，即使有好的机会也不会想到你。

与他人合作久了，慢慢也会形成一种生态圈。在这个生态圈中，大家彼此了解、互相介绍资源、互相合作，进一步实现共赢。在这个生态圈里，我们可以更轻松地找到合适的合作伙伴，也可以更容易地实现自己的目标。

品牌（IP 能力）

品牌对应到个人身上是 IP 能力，人和公司最大的区别在于，人具有感情和温度，因此人们会因为感性、理念而做出购买决策。

越来越多的公司开始走经营 IP 的路线，例如雷军、马斯克、罗永浩等，他们利用个人 IP 来帮助自己销售公司的产品。这足以看出个人 IP 的影响力。

作为个体，我们天然具有自己独特的个人魅力、性格特征、处事方式，其中的每一点都可能吸引到与我们同频的人。因此，我们不能忽视自己成为个人公司的优势。在客户眼中，一个有故事的 IP 是具有吸引力的，能够让消费者持续复购。当你有了自己的个人 IP，你只要稍微展现出比其他人更专业的技能，就很容易被客户认可和推荐。

因此，我们应该学会梳理自己的经历，为自己打造独特的个人故事，给客户留下更深刻的印象。这些故事可以让客户觉得我们值得信赖，甚至会因为"我喜欢你，我要为你花钱"而下单。

财务（理财能力）

最后要讲的是大多数人很容易忽略，却非常重要的能力——理财能力，这对应的就是公司的财务功能。

什么是理财能力？简单来说，就是如果你能有效地利用和管理自己的资金，控制开支，有风险意识并注重现金流，那么你就有可能创造更多的财富。

可能有些人对此不太理解。我举个例子：假设有 A 和 B 两家公司，它们生产相同的产品。A 公司的产品生产成本是 10 元，而 B 公司在仔细考虑风险等因素后，对某些生产环节进行了严格的成本控制，使得生产成本降低到 8 元。

这样，B 公司就可以在销售产品时提供更优惠的价格，从而吸引更多的顾客，赚取更多的利润。

初看起来，两家公司单件产品的利润差距似乎只有 2 元。但是，随着时间的推移，这种微小的差异可能会逐渐扩大。因为 B 公司可以用节省下来的资金来扩展业务、开发新产品或者进行其他投资，从而获得更多的收益。

理财能力也可以理解为控制收入和支出的能力。以我自身的经历为例，当我在大学时，我已经存下了 10 万元。这个数额足以购买一辆汽车，但我并未选择买车。原因在于我认为把资金花在买汽车上，并不能带来太大的收益。

因此，我决定将这笔钱用于投资和理财，以获取更高的回报。现在过了 5 年，当初的 10 万元已经通过投资和理财变成了 20 万元。这意味着我获得了 10 万元的额外收益。

假设另一个人在 5 年前也拥有 10 万元，但他选择用来购买汽车。那么现在他的现金资产与我的相比，差距就不只是 10 万元，而是 20 万元。更重要的是，我的 20 万元还可以继续为我带来更多的收益。

例如，我可以抽出 5 万元用于推广我的公众号，这将进一步增加我的读者数量，提高我的知名度并扩大我的影响力。这样，我就可以创造更多的价值并实现更多的收益。

　　有人可能会说，投资也可能会亏掉 10 万元。对，这恰恰说明了理财能力的重要性，如果你不学理财，缺乏理财能力，无法判断好坏，就会很容易听信谣言，乱买各种理财产品，这样一来，想不亏钱都难。

　　同样的道理，如果你不提升理财能力，那么你的产品能力或者写内容的能力再强都失去了意义，因为靠产品能力得到的利润和理财能力差导致的亏损会互相抵消，凭产品能力赚到的钱，会因为你不懂理财而亏掉。

　　那怎样花钱才是对的呢？简单来说，重点是花钱之前，多从成本和收益的角度去考虑。比如你谈生意需要接送客户，那汽车就是你重要的资产，买车是合理投资；而如果你买车是为了享受、炫耀，那么汽车就是一个消费品，买车是不划算的。

　　也许有人会说，买车能够提高生活品质呀！这其实又涉及"延迟满足"的问题，我个人更喜欢先苦后甜。例如，5 年前你选择花 10 万元买车，而我选择投资，那么 5 年后 10 万增值成 20 万，我就可以买一辆更好的车，或者再等 5 年，当 20 万增值成 40 万，我还能付房子的首付。

　　况且，想要提升生活品质还有很多低成本的方式可以选，相比之下，花 10 万元，外加后续的停车费、油费、保险费来提升生活品质对我来说还是太奢侈了。除非我的存款足够多，10 万元只占总存款很小的比例。这也是我后来买车的原因。

　　因此，如果你想要变成一个更优秀的人，只有某个单一能力一定是远远不够的，必须要重视其他能力，这些看似不相关的能力——广告、销售、供应链、品牌、理财，实际上会为你的专业能力"供血"，当你把自己当成公司一样来经营的时候，这些能力会让你的各方面都越来越稳固。

第五节

再小的个体，也可以是一家公司

现在已经有不少仅靠一个人就获得公司级别收益的"超级个体"，未来还会有越来越多这样的"超级个体"，他们即使不依赖大的公司和组织，也能生活得很好。正如微信公众号的那句口号：再小的个体，也有自己的品牌。在互联网和 AI 技术的影响下，未来的局面将会是：再小的个体，也可以是一家公司。

如何开启一人公司，放大自身收益？如何让自己像一家公司一样，源源不断创造出更多财富？掌握一人公司的五力模型（如图 1-4）——流量能力、产品能力、营销能力、生态能力、IP 能力，你也能够做到。接下来，我们针对五力模型做一个简单的介绍。

流量能力

"流量"这个词，相信大家在平时也经常听到，它的使用频率非常高，一般是指网络用户在网站、应用或其他数字内容平台上花费

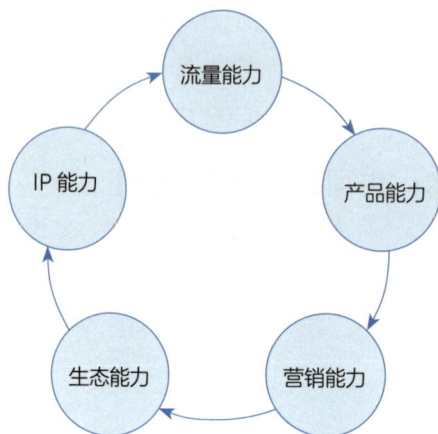

图1-4 一人公司的五力模型

的时间、频率或数据量。

简单来说,"流量"可以理解为网络用户在平台上花费的时间和进行的操作,以及这些平台从用户那里获取的数据量。这些数据可以是用户在网站上浏览的页面数、视频播放次数、社交媒体内容的分享次数,等等。

但对一人公司来说,"流量"指的就是我们的客户。

对创业公司而言,在起步阶段最核心的要素就是产品和客户,甚至可以说,产品一开始都不是最重要的,客户才是。为什么?因为只要有了客户,老板就能做中间商去销售别人的产品。例如,链家公司手里有房源,房源这个"产品"是房东的,但链家公司只要帮房东把房子卖出去了,就可以赚取收入。所以,对于一人公司来说，流量也是我们的第一步，我们要去思考如何才能获取更多客户。

对于线下实体店来说，想要有客户，必须付租金租下一家店——这是用租金换取流量、获取一定客流量的方法。而一人公司主要靠线上获客，我们该如何获取流量呢？

很多人在刚开始起步时，会认为"只要我好好产出内容，就有流量了，就有客户了"，其实并不是这样。

正如前面所说，产品在一人公司的前期并不是最重要的，我们更应该先想办法获客、获取流量。在本书第二章，我们会向大家详细介绍如何有效获取流量，有哪些渠道可以获取流量，如何去经营自己的流量渠道，等等。

产品能力

可以说"产品"在我们生活中随处可见，有电子产品、日用产品、衣物化妆品等，这些都是各类公司的产品。

对一人公司而言，产品的形式更多是以线上的虚拟产品为主，如文章、视频、线上课程、社群服务，等等。

当你具备某种能力，很擅长做某件事，想通过这种能力来获得收益时，就要将你的能力转化为产品。比如你写作能力很强、擅长读书、长期坚持跑步，这些是你的能力，而不是产品。对用户来说，你的能力所能带给他的收获，才是产品。

比如，你写作能力很强，因此开设了一个课程专门教人写作，那么这个写作课就是你的产品；你很擅长读书，于是开设了共读社群，陪伴大家一起读书，那么读书社群就是你的产品；你常年跑步，有很多有用的跑步方法，你把这些方法总结成课程，那么跑步课程就是你的产品。

除此之外，一人公司在不同的阶段需要找到适合这个阶段的产品。很多人会犯一个错误：在流量很小的情况下，他们却选择去做课程、做直播课等，做这些产品是非常辛苦的，与他们现有流量不匹配，这样会使得一人公司变得不可持续。

在起步阶段的一人公司，最适合做的产品是低价、轻松的共读社群，或者是高价但客户较少的一对一咨询，我在后面章节中会为大家详细介绍。

营销能力

虽然产品有了，但若不会营销的话，产品也只会砸在手里，卖不出去。想要产品卖得好，就要思考如何定价、如何使用优惠规则、如何确定产品的定位、何时发售等营销层面的问题。

很多人经常把"营销"和"销售"搞混，或者认为这两者是一回事，其实不然。

营销，是对潜在客户进行痛点分析、结合自身的竞争优劣势配合一系列市场宣传活动的策划型工作。营销的目的是让产品好卖，做的是产品的行销策划、推广，所以，营销能让销售变得更简单，而销售只是营销的一部分。

一人公司要想让产品卖得好，获取更多收益，那么营销和销售两方面能力都需要掌握。

生态能力

一人公司的生态能力，主要包含两层意思。

一方面，生态能力指的是同时拥有多种能力，这些能力互相关联、互相影响，能为一人公司带来更好的发展。比如，内容创作能力、视觉创意能力、营销策划能力、社群运营能力等。

首先，内容创作能力是许多能力的基础，它使你有能力产出高质量的文章、视频等内容以吸引用户；其次，视觉创意能力使你能制作出漂亮的图片和视频等，进一步吸引和留住用户；再次，营销策划能力使你能制定出适合自己的营销策略，吸引更多的读者或粉丝；最后，社群运营能力使你能建立和维护自己的用户社群，通过社群运营来增强用户的黏性，提高用户的活跃度和忠诚度。这些能力共同作用，从而形成你的生态能力。

另一方面，生态能力指的是圈层能力，你可以理解成圈层与圈层的链接：不同的圈层有不同的资源，一人公司想要获取更多收益，就需要构建"生态阶梯"。

在早期，一人公司可以依附其他生态赚钱，然后在发展过程中，慢慢搭建自己的生态，最终关联其他生态，让流量流动起来，让多个一人公司之间相互赋能。一人公司的生态圈一旦形成，威力不可小觑，就仿佛搭上一艘大船，你即使站着什么事都不干，也会不断前进。

我们每个人都在不同的生态下生活，但当你有了生态意识，一方面你可以提高自己的生态能力，另一方面也会主动融入其他更好的生态，并最终打造属于自己的生态。

IP 能力

IP 即品牌，个人 IP，就是个人品牌，指一个人在某一领域内形成的公共认知形象。这种形象具有垂直领域、特定形象以及被大众共同认知三个特点。更具体来说，个人 IP 就是可以通过自媒体平台进行打造和推广的个人品牌。

举个简单的例子，罗永浩就是一个很好的个人 IP。他不仅是一位公众人物，还创办了自己的品牌，因此他的形象和个人品牌就被大众广泛认知。

此外，个人 IP 也是一种商业模式，它可以把流量变成财富。也就是说，如果你有一个成功的个人 IP，你就可以通过这个 IP 来进行商业活动，比如推广产品或服务，从而获得收益。

在生活中，提到手机你可能会想起雷军、提到电动汽车你可能会想起马斯克、提到空调可能你会想起董明珠，这些企业家就是在打造自己的个人 IP，以此帮助公司节省更多营销推广成本。其实一人公司也一样，你可以多讲一讲自己的创业故事和经历，打造自己的故事体系。

比如阿猫这个 IP，在自媒体领域的认知度就不算低，这背后的原因是我在构建自己的故事体系。我不断地告诉大家：我一开始如何糟糕，后来如何通过读书写作逐渐成长，又是如何通过写内容赚到很多钱，等等。把自己的经历讲出来，就是在打造自己的故事体系。

一旦形成 IP 影响力，别人购买产品可能就不只是因为需要产品，更多的是因为信任这个人、支持这个人。比如 2022 年，罗永浩在某短视频平台做直播，对于他推荐的产品，很多观众一看是由他推荐，就会很愿意下单，这就是个人 IP 厉害的地方。

在未来的大趋势中，个人 IP 会越来越多，希望正在读这本书的你会是其中之一。

第二章

流量能力：搭建渠道、获取流量

- 自媒体收入 = 产品价格 × （私域数量 × 购买率）× 推出产品的数量

- 重点不是接广告的形式，重点是一定要接广告。

- 销售自己的产品才是流量变现的最终阶段。

- 信任是交易的基石。

第一节

流量：一人公司的起点

"流量"这个词，可能很多人经常听到，但具体是什么意思呢？先来解释下：流量代表数量。在线下，我们听过"人流量""水流量""车流量"，流量越大代表数量越多，比如下班高峰期车流量很大，节假日景区人流量很大等。

到了线上，流量主要指的是用户的访问量或者关注量，例如，当一篇微信公众号文章被大量用户阅读，或者一段抖音视频被大量用户观看和点赞，这些都可以被视为产生了流量。

对于一人公司来说，首先，获取流量可以提高公司的知名度，可以为公司带来更多的潜在客户和商业机会，也可以帮助公司建立个人品牌和形象。在社交媒体上，一个人拥有大量的关注者或粉丝意味着他的影响力和专业知识得到了认可。这种认可能够提高公司的可信度，从而吸引更多的客户和合作伙伴。

其次，流量还可以转化为收入。通过接广告、接赞助、销售产品或服务等方式，一人公司可以利用其流量来获得经济利益。例如，一个拥有大量粉丝的博主可以通过与品牌合作来赚取广告费。

最后，流量还能帮助一人公司更好地了解其目标市场和客户需求。通过分析网站访问数据、用户反馈和社交媒体互动数据，一人公司可以更好地调整其产品或服务，以满足市场的需求。

私域流量和公域流量

上面解释了什么是流量以及流量对一人公司的好处，接下来我带大家了解一下流量的类型。一般来说流量可以分为私域流量和公域流量，那这两者有什么区别呢？

私域流量，一般指的是能够进行多次链接的流量。例如，你家楼下有一个超市，你每天早上上班都会路过，然后从这家超市顺路买个包子，那么你就是这家超市的"私域流量"。这个情景放在微信上，就是你每一次发微信朋友圈（以下简称"朋友圈"），你的微信好友在刷朋友圈时都可以看到，那他们就是你的"私域流量"。

公域流量，一般指的是一次性的流量。例如，你某一天早上起晚了，赶着上班，来不及在你家楼下的超市买包子，匆匆忙忙先跑去了公司，到公司楼下随意找了家陌生的超市买了个包子，那你就是这家超市的"公域流量"。这个情景放在各个网络平台上，就是你无意间刷到了一条视频或是一个直播间，看到对方讲得不错，就下单了，但未来不一定再能刷到，那你就是对方的"公域流量"。

上面两个例子中的超市，前者可以经常产生购买，后者对你来说可能只购买一次，差别是复购率。私域流量和公域流量的核心差异就是复购率。比如你很喜欢某个主播，每天晚上 8 点等他开播，那你就是对方的私域流量，但如果你只是偶尔刷到他，那你就是对方的公域流量。

当然，从长期来看，公域流量有机会慢慢转变成私域流量，例如，某个账号被你无意间刷到了好几次，并且你在里面买的东西都不错，你就会刻意去搜索看看还有什么其他东西，然后点击对方的主页，看到他留下的微信号，出于好奇你可能会添加他的微信，这样一来，他未来在朋友圈发布产品就能够更容易触达你，你也就从对方的公域流量变成了私域流量。

微信私域流量

看到这里，想必你应该清楚了公域流量和私域流量的区别。在这本书中，我们主要讲微信私域流量，这也是我非常擅长的部分，下面就来具体分享一下我的经历。

我从上大学的时候开始玩知乎，注册账号后，在知乎上面写了很多回答，大约几年时间积累了十多万粉丝；后来我发现很多人在写公众号，我也开了一个，然后通过引流，把知乎的流量沉淀到了公众号；接着我又花了好几年时间，陆续把公众号的流量引导到了个人微信，又通过个人微信，把好友沉淀到了微信群。这样一来，我就营造了一个很好的私域环境：从公众号到个人微信，再到微信群、视频号 / 直播间，再到企业微信，如图 2-1 所示，它们形成了一个闭环。

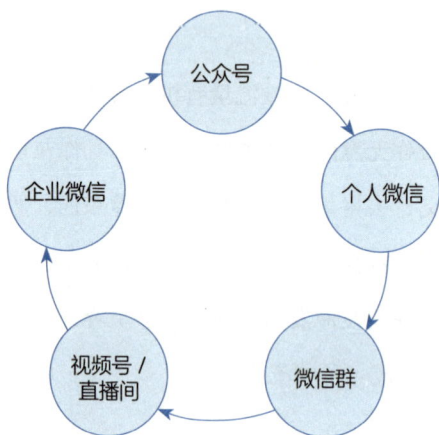

图 2-1　私域闭环

我目前大概有 10 个微信号，每个号的好友数量是 1 万人左右，过去几年我每天晚上会专门留出 30 ～ 60 分钟的时间来加好友，这个动作持续了三四年，从去年开始由助手帮我加好友，每天加几十甚至上百个微信好友。我认为每个想好好经营私域的人，都要持续去加好友。为什么？因为随着微信好友不断增加，你的保底收入就会越来越高。

自媒体收入 = 产品价格 ×（私域数量 × 购买率[①]）× 推出产品的数量

举个例子：假设你有 1000 位好友，某天你在朋友圈推出了一款 100 元的产品，这个产品的购买率是 5%，那么当你推出下一个产品的时候，大概也会有 5% 的人购买，所以即使你没有任何新增流量，依然可以持续赚钱。

代入公式就是：

自媒体收入 =100 元 ×（1000 人 ×5%）×2 个产品 =10000 元

通过微信私域流量获得收入

想要持续提高自媒体收入，有三个地方可以入手，分别是提高微信好友人数、提高购买率、提高产品数量。提高微信好友人数，本章后面会给大家分享实操方法；提高购买率，就要注重朋友圈的内容质量并持续经营；提高产品数量，可以通过自己开发新产品或分销别人的产品来实现。

当然，如果发朋友圈频率太高，也就是广告太多，你的购买率就会越来越低。比如我一般会每隔 3 个月推出一款新产品，在这 3 个月内，我会在朋友圈多多分享有用、有吸引力的内容，增加朋友圈好友对我的信任度，从而实现下次产品推出时的高购买率。

微信私域的好处之一就是，如果你用心经营你的朋友圈，对方

---

① 也称转化率。

就会对你产生信任，当信任达到一定程度时，之后当你推出任何新产品的时候，对方都会选择下单，那就产生了复购率。而高复购率可以反复带来收入，可以让你不那么依赖新增的流量，因为一人公司的创业初期，最让人焦虑的一件事就是流量是否有新增。

相比之下，如果你一开始选择公域平台，那么只有源源不断地制作出优质作品，平台才有可能给你更大的曝光率和流量，进而你才能接到更多广告。如果哪一天你的账号停止了更新，那么随着时间的流逝，你的账号的变现能力会越来越弱，这种收入是不稳定的，这种不稳定让很多人焦虑。

而且在公域平台，每个平台都有自己的规则，这些规则随时都会变，而什么时候更改规则，我们无从知晓。这样一来，你不确定自己的作品是否会被平台推荐，是否会获得流量，内心也会比较焦虑。

反观私域平台，尤其是微信私域，除了上面提到的可以稳定持续赚钱，还有很多好处。

第一，可以降低营销成本。例如，你可以通过微信公众号发布文章或推送消息，无须每次都为了让信息触达用户而付费，这大大降低了广告费用。

第二，可以快速获取用户反馈。例如，你可以通过微信群收集用户的反馈和建议，以便及时了解产品或服务的优点和缺点，并据此进行调整。

第三，优化转化更加方便。例如，你可以通过一对一的私聊方式，更深入地了解用户需求，提供个性化的服务，从而提高购买率。

第四，能扩大品牌的忠实消费者群体、提升复购率。例如，你可以通过微信公众号定期推送优惠信息，吸引用户购买，从而增加复购率；同时，通过提供优质的产品和服务，也可以增加用户的忠诚度。

综上，我非常推荐大家做自己的私域，具体怎么做、如何拥有流量，我在下一节会揭晓答案。

第二节

获取私域流量的方法

下面和大家分享三个我常用的获取私域流量的好方法。

方法一：把流量从公域平台吸引到自己的私域

把流量从公域平台吸引到自己的私域，是目前大家最常用的一个方法。如果你刻意留意一下，就会发现很多平台的博主都会做一个留"钩子"的动作来引流，比如在个人简介、评论区、视频结尾等地方标注自己的微信号，并配文告知加微信可以获得一份资料，引导读者加自己的微信，这就是引流。

一般来看，处于发展早期的平台对于这类引流行为的限制比较松，因为平台需要通过放宽规则来吸引更多创作者入驻；但发展到后期，平台往往会开始对引流行为进行限制，毕竟博主在平台引流，本质是损害该平台利益的。

比如我 2016 年的时候在知乎引流，所有的回答下面都能直接留

下我的微信号和公众号。我就这样通过大量写回答，从知乎引流了 5
万个粉丝到公众号。但后期知乎慢慢发展成熟，不再缺内容、缺创
作者，就开始限制放微信和公众号的做法，引流效果因此也变得不
太好。

总的来说，从公域平台引流需要学会留"钩子"引导，同时也
要及时关注平台规则的变化，顺应规则，灵活变通。

方法二：把别人的私域，当成你的公域

目前获取流量的常见平台，从易到难的排序是：微信群 > 知识
星球 > 公众号 > 小红书 > 抖音。所以对于刚起步、流量能力比较弱的
新手，我推荐用前两个平台，把别人的私域当成自己的公域来引流。

具体如何在别人的私域引流呢？我拿知识星球平台来举例。

有个出名的知识星球叫"生财有术"，里面大约有 5 万个付费用
户，如果你想在里面获取对"赚钱"感兴趣的精准流量，那么只需
要在这个星球里持续更新优质的文章，星主（该知识星球的主理人）
看到后就会把你的文章设置为"精华"，给予更多曝光。

用不了多长时间，你就可以成为这个星球里面的 KOL（Key
Opinion Leader，关键意见领袖），获得一定的知名度和影响力，被
更多人认识。

另外，你也可以在你的文章末尾留下自己的微信号，这样如果
有人被你的内容吸引，想进一步认识你，他就可以通过微信找到你，

你也能因此获得流量。

以上操作的流程是：在别人的知识星球里写帖子—帖子被星主设为"精华"—帖子被更多人看见—在帖子下方留自己的微信号—等人来加自己。

这是一种方法，除此之外，想从他人的私域里获取流量，还有三种方法，这三种方法也分别对应三个阶段。

第一阶段：主动加别人好友

我在一开始做公众号时，其实并不指望自己的文章能爆火，而是想通过公众号获得额外收入。

于是我算了一笔账：假设我每天加 10 个微信好友，一年下来就有 3600 多个好友。接着，假设我的产品定价是 100 元，按照 1% 的保守转化率计算，只要每年我能卖出 36 份，就可以赚 3600 元。

而且，我可以在朋友圈重复售卖同样的产品，假设同一个 100 元的产品，一年销售 5 次，一次赚 3600 元，那一年就是 1.8 万元的收益，平均下来，也就是每个月赚 1500 元。

这么一算，我发现主动加好友的价值很大，我没有理由不去做这件事，所以就一直在做。事实上，因为上面的推算非常保守，每个月的收益远比 1500 元多得多。

那如何主动加好友呢？这也是一门学问，很多人在加别人好友的时候，会发现自己发送了好友申请，但是对方不通过，这就很让人沮丧。不过也能理解，想象一下，我们自己莫名其妙收到好友申请，也可能会不通过。所以想提高好友申请通过率，就要给出好的申请理由，这样才不容易让对方觉得唐突。

下面我分享三个我主动加好友的方法。

第一，通过"欣赏"加好友。

比如你看到某个人经常在某社群里面活跃，加他的时候就可以顺理成章地说："看你在群里面的发言很精彩，观点很好，非常欣赏你，想要认识一下。"这样通过率会大大提高，因为大部分人都希望自己被人喜欢。

第二，借助"请教"加好友。

如果你看到某个人在群里分享了一个很好的观点，加对方好友的时候可以说："你在群里分享的观点对我很有启发，对此我有一些问题想找你请教一下。"用请教的方式去加对方好友，也不会显得唐突，因为大部分人都希望被别人请教。

第三，利用"背书"加好友。

"背书"指的是别人看到就能对你产生信任的某个标签，一般来说，自身的专业能力、学历背景、过去的成绩等，都可以作为让别人对你产生信任的背书。

如果想要在某个圈子里加好友，那么这个圈子的主理人甚至这个圈子本身就是一个背书。比如一个人想要在我旗下的社群里加好友，而他又购买了我的合伙人的产品，那么他在加好友的时候就可以提及我以及我的合伙人，对方可能不认识他，但是对我比较熟悉，那他看到这个标签，也会连带着对这个人产生信任感，更容易通过他的好友申请。

第二阶段：通过贡献价值被别人加好友

第二阶段是每天花一些时间去"混别人的社群"，在里面输出好的观点、提供优质的信息，不断地帮助群主丰富社群内容，得到群主的认可，这样就有机会吸引他人主动加你好友。

那要怎么"混社群"呢？下面我以一种常见的社群——微信群为例，分享四个方法。

第一，多帮群主解答问题。

如果你是某个微信群的老成员，看到群里有小伙伴提出问题时，自己能解答的话，就可以及时帮群主回答一下。因为帮助群主回答群成员的问题，不仅能帮助群主节约时间，还能让你在群中获得曝光，同时有机会吸引对方主动添加好友。

第二，夸奖别人。

当群里的某个成员取得了好成绩，大家都在夸奖时，你也可以跟着一起夸奖。虽然这看起来并没有输出高质量内容，但你在给予他人正反馈的同时，也增加了自己的曝光。随着曝光的次数的增加，也更容易吸引他人来添加好友。

第三，输出优质内容。

当别人谈到某个话题，而这个话题刚好你擅长时，如果你能够在群里快速输出优质内容，也可以吸引他人主动添加你为好友。

至于如何高效输出优质内容，这里边也有学问。首先，我们尽量不要把群聊当成一个即时输出的地方，而是用对待公域平台的态度严肃看待。每次分享内容之前思考一下，自己分享的内容是否对其他人有帮助。

其次，想要输出优质内容得先有积累，所以你需要提前建立一个资料库，在其他人聊到相关话题时，你就可以快速从资料库中找内容。这个资料库的形式有很多种，它可以是笔记软件中的一个文档，也可以是过往发过的公众号文章，甚至我们还可以把朋友圈作为资料库，平时在朋友圈定期输出一些好内容，群里聊到相关话题时直接发出对应朋友圈的截图，那么其他人可能会因为对你的朋友圈感兴趣而选择添加好友。

最后有一点需要澄清，即"优质内容"的关键不在于内容本身的质量有多高，而在于要超出他人的预期。假设大部分人在群内输出的内容质量是 3 分，我们只需要做到 5 分就算是相对优质的内容。

第四，赠送资料。

赠送资料也是一个提供价值的好方法。平时注意收集一些高质量的好资料或新信息，当看到有人问谁有某某资料时，你刚好就可以说，自己手上有，且免费分享，那别人也会因为被资料吸引而向你发起好友申请。

第三阶段：一出场，就被别人加好友

第三阶段的关键，是要优化自我介绍。有一些人在群里发言时

会在自我介绍最后写"加我好友，领取某某资料"，这个方式的转化率是很高的，但因为转化意图太明显，群主通常不太愿意看到。

不过把这个思路稍微转换一下也可以沿用。比如你可以在自我介绍里标注自己的职业、拥有的资源、过往成绩等内容，凸显自己的价值，这样其他人看完介绍之后能够迅速明确你的链接价值，继而可能主动发起好友申请。

方法三：多渠道获取流量

获取私域流量的最后一个方法，就是多渠道获取流量，分享常见的六种技巧。

技巧 1：利用好知识付费的圈子

现在有很多知识付费产品都会提供配套的微信群以便交流，这就是可以利用的资源。我们可以用前边介绍的方法直接从微信群里引流。

技巧 2：和认可的人交换微信群

如果你有自己建立的微信群，那么完全可以和自己认可的人交换资源，互相把对方拉进自己的群里，这样双方都有机会获得更多好友，相当于间接互换流量。

技巧 3：打造引流品

很多人觉得做产品只是为了赚钱，但其实产品本身也是一个很好的引流工具。

商业运营中有两个重要概念叫"引流品"和"利润品"。引流品的主要作用是吸引潜在用户，让他们有机会接触到更高价位的利润品；利润品的主要作用则是为公司带来可观的利润。

比如小报童专栏（一种依托于微信订阅号提供服务的付费文章专栏）就是一个很好的引流品。我之前做了一个小报童专栏，一开始的定价只有 10 元，陆续销售了 4000 多份，转化了将近 2000 个微信好友。这就为我其他付费产品的转化打下了基础。

通过让利打造高性价比的低价引流品来获得更多用户，可以为后期转化高价产品做铺垫。实际上，只要能不断推出高价产品，之前的低价产品都可以被视作引流品。甚至我们还可以把原本的产品价格打下来，吸引更多人购买，发挥引流品的作用。

比如我在决定推出"觉醒合伙人"这一高价产品后，就重新调整了"觉醒者创业营"星球的服务模式，并把加入星球的价格从上千元调整到了 500 元，提前积累与自媒体创业相关的精准流量。

而且引流品本身也可以大量盈利，因为它价格低，性价比高，所以能吸引更多用户，放大收入。这个过程中成本却没有明显增长，总利润反而上升了。

技巧 4：裂变引流

当经营了一段时间的私域后，我们一般会拥有一些非常信任我们的读者，他们会愿意帮我们转发、传播内容，带动身边的朋友也成为我们的读者，而这些新读者可能又会带动他们的朋友成为读者，无限延续，这就是裂变。

除了读者自发的裂变，我们也可以通过一些方法来推动裂变。比如早期有一种方法是"转发海报免费进社群"，假设一个人想要进入一个社群，但又不想付费，他只需要把一张宣传海报转发到朋友圈，就可以免费进群。而被朋友圈海报吸引的朋友，如果想免费进群，又会继续转发朋友圈。借助这个方法，对方可以把成千上万的用户吸引到自己的微信群，最后的裂变效果会非常显著。

另外，"裂变引流"还可以和"打造引流品"组合使用。

还是以上文提到的小报童专栏为例，原本只靠自己的私域流量，我可能只能销售出 2000 份小报童，但是通过把 60% 的收入设置为佣金，鼓励大家生成自己的分佣海报去销售小报童，并根据销售排名给予额外奖励，我就进一步推动了裂变，把小报童的销量提升到了 4000 份。

技巧 5：用好"钩子"

很多人会写公众号，但如果只写内容而忽视放"钩子"，就会错过不少流量。因为有些读者在读完文章之后可能想要认识你、购买你的产品，但是他不知道如何联系到你。

在公众号文末放一下自己的微信号是非常有必要的，你要给读者留一个与你链接的途径。另外，告诉读者加微信可以领取什么福利，能够大大增加读者添加你为好友的概率。

此外，我在公众号简介中也设置了"钩子"，告诉大家添加我的企业微信可以领取特定资料。不到两年时间，这个"钩子"已经帮我引流了一万多个微信好友。

技巧 6：花钱购买

当你有了一定的流量，也有了很好销售的产品，那就可以考虑去花钱购买流量了，这是获取流量的"终极方法"，也是我希望未来每个人都能够掌握的一种方法。

不过花钱购买流量也有两个前提：一是要确保自己有产品可以承接流量，并且产品内容足够好，如果产品质量不行，没有转化率，买的流量就白白浪费了；二是要确保自己具备一定的销售能力，不然同样无法让流量发挥出价值。

我早期参与过一些百万粉丝公众号的付费推广，对方的公众号头条推广报价是 5 万元，我和其他 4 个号主一起参与，平摊下来一次推广的成本是 1 万元，涨粉 2000 个左右，单个粉丝的成本是 5 元。不过现在获取粉丝的成本会更高。

总体来看，花钱购买流量存在很大的优势。因为一旦能找到一个优质的流量渠道，确保投放之后收益大于成本，就可以不断地进行投放，快速放大收益。

并且，如果通过花钱就能解决流量问题，那么你就不用在获取流量上耗费太多时间，可以省下时间去搭建产品、管理团队等，做更重要的事。

第三节

私域流量如何变现

商业的核心是提供价值，换取收益，所以不论获取流量的过程如何，最后都会走到转化为收益这一步，也就是所谓的"变现"。下面就来介绍一下私域流量"变现"最常用的三个方法。

方法一：接广告

接广告是把私域流量转化为收益最简单的方式。接广告的流程、形式，视平台规则而定，不同平台之间会有比较大的差别。比如在公众号平台接广告，甲方会统一提供文案，审核没问题后，我们只需要复制、粘贴、发布即可；而在小红书平台接广告，我们则需要不断和甲方对接修改内容。

但重点不是接广告的形式，重点是一定要接广告。如果有机会接广告的话，我建议一定要尝试接广告。

广告提供了变现的机会，也是我们早期获取经济收入的重要渠道，它能够支持我们进一步去用金钱换取流量，花钱请他人帮自己工作，解放自己的时间，以便腾出更多时间打磨产品、开拓市场，形成良性循环。

接广告也可以让我们提前体验一下商务合作的流程，积累经验。

更重要的是，接广告还能间接帮我们筛选读者，有助于账号的长期发展。喜欢看免费的内容是人之常情，但如果关注我们的绝大部分读者都只能接受免费的内容，无法接受广告，那创作者将无法获得足够的经济收益以支撑创作。而老读者会带来与自身观念相似的新读者，尽早接广告，"劝退"无法接受广告的读者，能够减少关注者中这类读者群体的占比，有利于账号的良性发展。

接广告还可以帮我们间接测试出读者群体付费潜力的强弱。一般来说，如果读者的付费潜力强，甲方投放广告后获得的收益大于成本，就会考虑再次投放。通过看甲方是否再次投放，我们可以大致评估读者群体的付费潜力，据此判断当前是否适合花精力做自己的付费产品。

方法二：分销他人的产品

转化私域流量的第二个常用方法，就是分销他人的产品，通过销售他人的产品获取一定比例的佣金收入。这个方法尤其适合新手，因为它一方面可以帮你验证你的私域流量是否足以支撑你自己做产品，另一方面也为你提供了一个无须交付产品和服务就能获得收入的模式。

　　新手还有一个普遍问题就是私域流量小，这种情况下想获得持续稳定的收入，有两个方法：不断获取流量，让更多人在自己这里购买产品；增加复购率，让同一个人多次在自己这里购买产品。

　　除了上述优势外，分销还有助于你与他人形成互利互惠的关系，为你后续做自己的产品打下基础。比如有一个用户帮我销售了很多产品，某种程度上，我也欠了对方人情，所以后期他推出了自己的产品，我也愿意帮忙推荐一下，给予流量支持。

　　不过，分销别人的产品只是私域流量变现的中期阶段，销售自己的产品才是流量变现的最终阶段。

方法三：销售自己的产品

　　虽然销售自己的产品是流量变现的最终阶段，但对于刚成立一人公司的人来说，做产品一定要慎重。因为人的精力是有限的，你把精力花在了做产品上，那用在获取流量上的精力自然就少了，流量增长就会受限。最终可能会导致，你辛辛苦苦做好了产品，却因为没有流量而销售不出去。

　　我个人的建议是，一开始先不要做自己的产品，而是选择去分销别人的产品，验证私域流量的价值，锻炼自己的销售能力，为后续销售自己的产品打好基础。等你通过分销别人的产品赚到超过一万元时，再尝试做一个"轻交付"的产品。

怎么判断一款产品是否属于轻交付产品呢？要看你每天花在这款产品上的时间占自身可支配时间比例的大小。占比小就是轻交付产品，占比大就是重交付产品。

假设一个人有主业工作，他每天可以利用的时间只有下班之后的 4 小时。如果运营一款产品平均每天占用他的时间在 1 小时以下，占比低于 25%，不影响他的生活中的其他事，那就可以考虑运营这款轻交付产品。反之，如果运营一款产品每天要占满他 4 小时的时间，非常影响他去做别的事情，那它就是重交付产品，需要谨慎考虑。

我们可以先从轻交付的产品开始销售，后期随着私域流量不断积累，单个产品的销售量不断增加，再慢慢"加重"产品的交付，提供更多内容和服务。至于怎么样去做产品，我们在第三章"产品能力"中会详细讲。

第四节

私域流量容易踩的三个坑

只卖低价产品，不敢卖高价产品

很多人在刚开始做私域的时候，推出的产品价格会以低价为主，比如 9.9 元，19.9 元等，不敢卖高价产品，害怕没人买单。但其实，相较于公域，在私域卖高价产品会更好卖。为什么呢？

原因是，我们在公域获取的流量，更多的是泛流量，而在私域获取的流量，更多的是精准流量。在公域中，粉丝与账号主理人是"关注"与"被关注"的关系，可能粉丝关注了很多博主，但对每个博主印象都不深刻，这样的关系不足以支撑他们购买高客单价的产品。

但在私域，因为我们经常发朋友圈，经常活跃，别人通过各种渠道加我们为好友，他们本身对我们就有比较深的印象，加上随时可以微信聊天，内心距离上比较亲近，双方会慢慢建立信任基础，他们也会更容易接受高客单价的产品。

所以，做私域流量要有意识地搭配产品体系，使其包括低价产品（百元以内的产品）、中价产品（千元以内的产品）和高价产品（万元以内的产品），这样我们就能拥有比公域还要强的变现能力，实现收益最大化。

做产品时忽略了用户的需求

账号定位不同，吸引到的用户需求就不一样。因此我们在设计产品时需要考虑其是否匹配用户需求，以免设计出不被需要的产品，影响销售。

比如某个账号一直持续分享与读书有关的内容，后期推出的产品也是与读书相关的，例如读书会等，那么产品就与用户需求相匹配，销量也会很好；但如果你的产品是商业领域的，却突然推出一个与读书相关的产品，与用户需求不匹配，就可能会影响销售，因为关注读书的人群不一定对商业感兴趣。

我的公众号"觉醒创富社"早期阶段的定位是成长领域，后来往自媒体方向转型。我在转型的过程中推出了相关社群，但其销售量远低于以往产品的销售情况，这就是因为虽然前期我已经积累了很多用户，但新产品不匹配用户需求，影响了销量。这就好比卖手机的公司突然改卖化妆品，就算用户体量再大，也很难进行销售。

缺少和铁杆粉丝产生链接的途径

如果你的私域粉丝数很多，但没有建微信群，就会导致粉丝想要链接你时只能私聊或者看朋友圈，时间一长，你很容易与粉丝失去链接。所以想运营好私域的人，一定要尽早建立自己的粉丝微信群，而且要保持在群内的活跃度，多在群里分享内容，包括但不限于与专业、产品等相关的内容。

这么做的目的有两个：一是搭建和用户一对多、直接沟通交流的渠道，加强与粉丝的近距离交流；二是可以更快地将信息触达用户。

等你未来想要销售产品时，你只需要在这个群里发布信息，就能够实现产品销售。这是因为信任是交易的基石。平时在群里分享内容，与用户沟通交流，就能提前建立用户对你的信任感，从而更为顺畅地完成交易。

建立微信群也是企业常用的策略之一，把有共同喜好的用户聚集在微信群中，当企业推出新产品或新服务时，可以直接在微信群里发布信息，这样更容易触达核心的精准用户，从而提升销量。

第三章

产品能力：把能力变成产品交付

- 想赚钱就需要把能力转化成产品。

- 产品不是堆积的知识，而是一套解决方案。

- 用户更想知道的是"我能从你这里得到什么"。

- 你的每一篇内容都会让用户形成对你的认知，所有的推广最终都是在推广你的个人品牌。

第一节

为什么要做自己的产品

　　大部分人在做公众号的初期都是靠接广告赚钱的。我前几年基本上一个月接三四次广告，也就是平均每周发一次。也有很多人是两三天接一次广告。当我们各自的读者习惯了我们接广告的频率后，他们就会默认"应该如此"；而当我们发广告的频率上升后，就会有一些读者反感地说"怎么这么多广告，好内容都看不到了"。

　　这类读者只想持续不断地看到免费好内容，既不想看到广告，又不想为创作者付费。如果按照他们的期望，一个创作者长期输出免费好内容，不接广告，不做个人产品，那么这个公众号的更新一定会变得不可持续，因为创作者没有任何收入来源。写一篇好的内容是需要花很长时间的，长期得不到回报、没有收入，创作者很难坚持下去。

　　所以，最好的方法还是要发广告，控制好发广告的频率，先维持住基本的生存。说到这里，创作者也要思考一个问题：是发自己的广告，还是发别人的广告呢？

帮别人卖东西发广告，好处是可以立马赚到钱；坏处是发广告的当下比较"伤粉"，读者会一边因你发布的好内容夸赞你，一边因你发广告而怼你。读者不知道，他们之所以能一直免费看到好内容，是因为有广告在维持。

这种情况放在 B 站（哔哩哔哩弹幕网）会稍微友好一点儿，因为 B 站的 up 主（创作者）可以接品牌广告，而品牌天然有一种打广告合理的感觉，所以用户不会太反感；甚至如果你接到苹果、华为等大品牌的广告，用户还会觉得你很厉害。但公众号文章里的广告多数都是课程类的，没有品牌属性，所以用户就会很反感。

如果你是刚开始做公众号的新人，我的个人建议是，只要公众号内容的平均阅读量能够达到 500 以上，关注量能够保持在一万左右，就不要再一味地接广告，可以开始思考做自己的产品了。一来，你可以尽快走向一个良性循环，筛选出愿意为你付费的读者；二来，和卖别人的产品相比，做自己的产品能使你获得更好的成长空间。

卖别人的产品，你学到的只有推销，甚至如果公众号文案也不用你写，那么你就连推销都不需要学，因此你的成长空间会有局限，只能专注在内容上。好处是你的内容创作能力也许更加精进；但坏处是，你还是需要帮别人打广告，你还是会"伤粉"，就算你内容很好，粉丝还是不领情。因此，做出自己的产品，将重点放到卖自己的产品上，才是长久之计。

不过，当你做自己的产品时，你先要树立一个认知，那就是失败的概率接近 100%。但是没关系，因为你不像常规创业那样需要投入大量资金，互联网虚拟产品只需要投入时间，所以你可以尽情试错，在这个失败的过程中，你会开始思考怎样可以做出一个好产品，这会倒逼你学习。接着产品慢慢出来了，你会开始思考怎么去写文案，什么样的文案最吸引人。文案写出来之后，你会开始去思考怎样定价最合适，什么样的优惠能够吸引读者下单。

接下来，你可能还要无限循环这个路径，优化产品、文案、定价等，你自然会在这个过程中越做越好，未来产品就有机会卖得越来越好，这样不仅可以摆脱因接广告而被读者怼的局面，还能慢慢形成自己的个人品牌。

第二节

如何把能力产品化

在开启一人公司的过程中，最关键的部分就是产品，有了产品才有销售，有了销售才能实现复利，才会产生利润。

一人公司最初的产品从何而来呢？基本上都是从个人能力优势开始，慢慢转化成产品服务，完成第一个最小可行性产品后，再慢慢迭代优化出更有竞争力的产品。

在这个过程中，能否完成从能力到产品的转化是一道关键的门槛，也是今后能否赚到钱的关键。一个人可能非常有能力，但有能力不等于拥有自己的产品，想赚钱就需要把能力转化成产品。

如何把自己的能力转化成产品呢？首先要明白什么是产品。

产品是解决方案

产品不是堆积的知识，而是一套解决方案。

能力和产品是两种不同的东西。比如，你有能力让宝宝睡觉，这是能力而不是产品。也不是能力强就等于有了产品，比如，你写作能力很强，却不知道怎么帮用户变强，那你就无法将它做成一个产品。

能力是你擅长的事，产品是给人用的方案。

想做产品就要切换视角，思考的问题要从"我擅长什么"变成"用户能从我这里得到什么"。比如，你把如何让宝宝睡觉的方法写成一本书卖给用户，他们看完书就能学会如何让宝宝睡觉，这本书才是产品。

生活中，有很多有能力的人，有人擅长减肥，有人擅长跑步，他们自己可以把这些事做得很好，但除了接点儿广告，还是很难赚到钱，原因就是他们空有流量没有产品。

所以我们在培养能力的时候，要更加注重能力方案的交付，也就是怎么把你的能力变成用户的能力，帮用户解决某个问题。比如，你擅长减肥，并且能把这个能力做成减脂培训课，用户通过学习你的课程能实现自己的减肥目的，这个培训课就是你的产品。

围绕用户需求产生的解决方案，就是产品。

无论是发展副业还是创业，我们都要将能力特长本身变成可交付的方案。你可能有很多特长，比如绘画很厉害、写作很厉害、读书很厉害、跑步很厉害，但这些都是你自己的能力，用户更想知道的是"我能从你这里得到什么"。

从能力到产品的转换

假如你发现自己有绘画天赋，每天都能画一幅不错的作品，还有很多人给你点赞并关注你，这个时候，你想把画画的能力变成一个能赚钱的产品，该怎么做？

在做产品的过程中，始终要提醒自己，我们交付的不是多厉害的能力，而是一套解决方案，能够帮助用户解决了某个问题。

把能力转化成产品，通常有两种形态。

1. 直接交付结果给人使用

比如，设计出的海报、画出的作品、写出的文章等，都是可以直接使用的结果。

2. 交付实现结果的方法和过程

比如，怎么早起跑步、怎么泡出好喝的咖啡、怎么写出爆款文章、怎么做自媒体赚钱等，都是实现某件事的方法和过程。

再回到绘画这个案例，从绘画能力到产品的转换，就有两种可以交付的方案：一种是交付完整的画，把这幅画卖给喜欢它的用户，那么画本身就是产品；另一种是交付绘画课，让学习者学完后能独立绘画，这个绘画课就是产品。

到这里可以看出，要么直接交付某个结果，要么交付实现结果的过程。一种是直接交付结果，卖画好的画、做好的奶茶，结果就变成了产品。另一种是把实现结果的过程变成产品，市面上也有很多，比如，教插花的，教泡咖啡的，教写作的，教读书的，这些课都是在交付实现结果的过程，即想要得到这个结果，都需要哪些步骤，这个实现的步骤就变成了产品。

如何把自己的能力变成产品

把能力变成产品，要如何实现呢？下面我把详细的步骤分享给大家。

1. 积累能力

开始，你可能因为兴趣爱好开启了某个行为，然后通过积累和训练，这个行为变成了你的能力，你可以用它来做很多事。

积累能力的过程看似简单快速，实际上是漫长的，需要耐心和毅力。每个人都要通过不断地学习、训练和积累，才能逐渐掌握某项技能并将其提升到超越大多数人的层次。

以我为例，作为一个职场人，我坚持日更 1000 天，用 10 年时间阅读了 1000 本书，慢慢地在读书写作方面具备了一定的能力，进而开启了自媒体写作事业并开办读书会。

如果你希望未来能够推出自己的产品，就从现在开始积累能力吧！因为无论你要开发的是什么类型的产品，你都需要在某个领域具备超越他人的能力。

只有当你能够做得比别人更好时，你的产品才会具有价值。

从我曾经服务过的学员来看，一个人如果专注于某个领域，并持续输出 100 篇领域内关键词解读文章，基本上就能成为本领域的小专家，能够解决大部分普通人遇到的问题。我的定位是职业读书人，因为我长期通过解读图书来谋生，别人有与读书相关的问题也会来找我帮忙解决，慢慢地我就开始创办读书课和提供读书社群服务了。

积累能力是迈向产品化道路的第一步。在积累的过程中不要心急，持续不断地努力和坚持才能获得成功。

2. 展示能力

当我们通过训练积累出某种能力后，让别人知道并认可这种能力非常重要，所以要学会展示自己的能力。在展示时，我们要从用户的角度出发，思考如何更好地让他们接受并认可我们的能力。

以我连续日更 1000 天的例子来说，如何让别人知道我有这个能力，并认可它的价值呢？我需要考虑两个问题：一是如何让目标用户知道我有这个能力，二是如何让这个能力符合用户的需求。

基于这个思考，我经常在公众号分享自己解读的书，解读的方式也更符合自媒体文章风格，更方便读者阅读；更新了几百篇跟书相关的内容，后来一位博主要做读书会，我把自己解读的书给大家看，便获得了一个转行的机会。

3. 交付能力

拥有了积累能力、展示能力之后，接下来第三步就需要拥有交付能力，怎么把能力交付给用户呢？

通常来说有两个方案，正如上文所提到的，一个是直接交付结果，另一个是交付实现结果的过程，你可以根据能力的特性，来设计自己的产品。

比如，你是一个绘画达人，平时会把作品分享到网络上，你画得很好，却一直得不到用户的认可，原因就是我们上面说的，能力尚不符合用户需求。只是画得好看还不够，想要让你的画被用户喜欢，那你就需要画用户喜欢的内容。

你偶然发现，大家很喜欢你画的动漫人物，之后你就开始侧重于动漫人物绘画。这个时候，你的绘画能力才能提供用户喜欢的内容。

到这里，你要开始面对产品的两种形式，交付过程和交付结果。有人向你约画稿，这个就是交付结果，但是这种方式会受你的产能限制，你一天最多画一幅画，如果想提升绘画收益，就只能通过单幅涨价来实现。

如果想放大这个结果，你可以使用另一种方式，即交付实现结果的过程，也就是提供绘画课程，这样你就可以同时服务更多的用户，通过提升销量来增加收入。

除了课程之外，还有一种产品形式：你可以把绘画技巧分享到网上，吸引到更多的粉丝，让更多人跟你学绘画，一旦关注你的人多了，你就形成了自己的影响力，这个时候就有了更多产品形式，你可以出书，可以做社群，可以做培训，可以做咨询，甚至可以成为一个有名的画家，把作品变成工艺品去卖。

最后，属于你的个人 IP 也就建立起来了，这个过程，就是通过把能力产品化，将"喜欢画画"转变成"绘画教程"，甚至转变成可售卖的工艺品。

最终，你不仅做起来了副业，甚至还能把兴趣变成事业。做自己喜欢的事并能靠它赚钱，这应该是每个人的梦想吧。

而这一切的背后，都是开始我们提到的，把自己的能力产品化。

我在这里只是借这个案例来分析产品思维能力，你要想做成一件事，绝对不能只是做了就好，而是要给自己一个结果，从结果的角度去思考问题。如果你能做到这一点，就真的有可能改变自己的命运。

第三节

如何提升产品价值

把能力变成解决方案，交付给用户解决问题，这是产品最基础的形态，也就是产品的功能价值。任何产品都有它的功能价值，在一个充分竞争的商业社会里，同类产品的功能价值都差不多，都可以满足大部分人的基本需求。

但如果只有功能价值，产品就很难成为爆款，无法获得更大的产品附加价值。

比如现在的手机，几百元和上万元的，其实功能都差不多，在基础功能层面，大多数产品都可以实现，但是产品的价值差异不只是靠基础功能实现的，除了功能还有很多其他价值，它们共同构建了产品竞争力。

如何才能提升自己产品的价值呢？首先我们要知道产品都有哪些价值，然后才能有针对性地进行提升。我们可以从以下四种价值上入手。

产品使用功能价值

根据前面的定义，产品是某种需求的解决方案，这个最基础的解决方案，就是产品的功能。比如，一个自律打卡社群，提供的就是每天行动打卡服务，参与者每天在群里发布今天自己要做的事，群主设计好打卡规则，押金 99 元，完成打卡退押金，未完成不退押金，通过这个形式来倒逼参与者行动。

在设计产品的时候，我们首先要想到的是，产品能给用户带来什么基础功能价值。由此延伸去设计你的产品。用户为什么使用你的产品？你能提供什么解决方案？用户如何使用你的方案？这都是设计产品时必须要思考的问题。

节约用户时间的价值

功能价值是标准品，基本上同类产品都具备功能价值，就好像牙刷都可以刷牙一样，单从功能价值上很难让用户区分各种同类产品并选择你的产品。

除了产品功能，还要额外给予用户其他价值，以此促进用户选择你的产品。

比如，图书，谁都可以买，谁都可以读，但是有人没空读，有人自己读不进去、想听别人直接整理好的重点。于是就有了拆书、听书、讲书等服务。这些服务的本质都是在帮用户节约时间，因为无论是自己看书还是听书，都是在获取这本书的内容，区别就是听书可以不用自己花时间去看一整本书。

还有网上比较流行的各种书单、影单，其本质也都是在帮用户节约时间，用户想看什么，直接按照这个清单去看就好，不用自己花时间去寻找，也不用从成百上千的书本和电影里去选自己感兴趣的内容。

一个产品除了功能价值，最容易给用户提供的就是帮用户节约时间的价值。

满足用户情绪价值

功能价值是产品的起点，节约时间是自己花时间替用户省时间，这些都没有什么难度，也是比较容易实现的价值。想要产品更有竞争力，还可以通过情绪价值来实现。

现在许多品牌都在试图让自己的品牌价值满足某些群体的价值观，以此让自己的产品跟其他产品完全区分开来，由此获得更多的溢价空间。

比如，耐克鞋和一些非知名品牌的鞋子的材料可能都是一样的，但是卖出的价格会差几倍，这里的溢价空间就是品牌给予用户的情绪价值决定的。

我们自己做的线上社群，从课程内容来说，与其他很多社群中讲的知识都差不多，但用户还是选择我们，就是因为他们在我们的社群里可以找到同频共鸣的人，大家一起交流分享觉得很开心，这个是在其他地方买不到的东西。

在商品不稀缺的时代，谁能提供情绪价值，谁的产品才真正具备了竞争力。

提供信息价值

提供信息价值，为用户消除信息差，这应该是产品价值里最具有竞争力的价值了，因为你能提供新信息，这本身就已经证明你很有能力了。

说个简单的信息差，我是传统行业出身，很晚才知道公众号的价值，直到通过 2019 年的一次线下活动，我才发现原来有那么多人通过公众号赚到了百万元的收入，再到后面的头条号、抖音、百家号、小红书、B 站，每个平台早期都有很大红利，有些人可能能力一般，但是因为参与得早，享受到了平台的红利，很容易就做起来了。

这些都是信息差。现在依然有很多信息差，许多信息都只在小圈子里传播，如果你能帮用户弥补信息差，你就具备了提供信息的价值。现在很多社群本质都是在帮用户解决信息差的问题。

比如，你是某个行业的专家，你了解到的东西就是比普通人了解到的要更深入一点儿，你还能接触到普通人很难接触到的东西，比如分享国外的见闻、某些行业的内部信息等，这些都是在提供信息价值。

哪怕是好书分享，其实也是在帮用户解决信息差。你看，这本书很好，但是你不知道，现在看我的内容你就知道了，这也是在帮用户消除信息差。

这些信息可以是你整合出来的，可以是行业本身具备的，也可以是你付费买来的。信息是有时限的，只有最早分享出来的新信息才值钱，因为这些信息差也会逐渐变成常识。

在设计自己的产品价值的时候，你可以根据自己的定位和优势资源来选择适合自己的产品价值。

如果开始没法提供后两种产品价值，你可以先从功能价值和节约用户时间两种价值入手去设计自己的产品，这两个也是最容易被用户感知到的价值。自媒体其实就是服务业，最开始提供的价值本质都是服务价值。

把自己的事业想象成开一家店，用户来店里你能提供什么服务？能把基础服务做好，一样可以做好自媒体，哪怕仅仅是作为工具的功能价值。

第四节

如何用产品思维做内容

产品是问题的解决方案，在做出产品之前，我们需要经历一段积累期，积累一定的行业经验。很多产品都是过去经验的合集。

如果你现在没有产品，我建议你先从输出内容开始。同样是做内容，认知不一样的人做出来的内容，其价值差异也很大。我这里想提出一个新观点——要学会用产品思维去输出内容。

你的内容最终是为了产品服务，如果你能提前开始考虑这个问题，那么你的产品就会既容易卖出，又容易做出。

怎么用产品思维做内容呢？要多从产品角度看待内容，如果没有产品思维，你可能就会想到什么写什么，对什么有兴趣写什么，从而产生两个问题：第一，随机的写作很难为产品做好素材积累；第二，写了很久依然无法对用户产生足够专业的影响力。

有一个简单的例子，可以让我们更直观地看到差异。有两个人，他们同样是每天写文章，一个人天天换领域写，另一个人一年只专注读书这个领域，两个人年底都要推出一款产品，无论是从用户认知和认可程度来看，还是从内容储备素材的角度来看，都是后者更容易推出一款知识产品。

这样看来，差异就很明显了，如果你从产品的角度去做内容，就能进一步放大内容价值。

用产品思维来做内容，可以为我们带来哪些优势，我们又该如何实践呢？下面我们从三个方向来讨论。

积累足够的素材，搜集用户的真实需求

一般有人问我如何开启自媒体之路时，我的建议都很简单：找一个领域输出 50 个关键词知识点，回答用户 50 个行业领域问题，然后你就具备了原始的素材积累，今后无论是做社群还是做产品，你都不用担心交付问题。

比如，我最早是做读书博主的，我写了几百篇关于读书的文章，回答了上百个读者提问，不仅向读者证明了自己的专业能力，还验证了自己的内容价值。有人需要你的内容，你就有价值。

后来我在做读书社群和读书课时，完全不用担心交付问题，因为通过前面的系统输出，我已经积累了大量的知识储备，用户来咨询时，我基本上都可以快速回答解决。而且在回答问题的过程中，我只要不断研究用户的需求，把大家的问题整合出来，基本上就可以出一门不错的读书课。

关于怎么读书、读书主要有哪些同质化问题、读书都有哪些过程、分别会遇到什么问题等，只要把这些问题解决了，我的课程产品基本上也就做好了。用产品思维做内容就是这么简单。

获取用户流量类的内容

在自媒体领域，如果你只是写枯燥的干货，其实内容很难得以传播，易传播的内容，往往都是入门级的、话题性的。所以你不用总是因自己好不容易写的干货没人看而觉得焦虑，这是传播逻辑决定的。写干货可以吸引垂直用户，写话题性的内容可以吸引更宽泛的用户。用干货型文章筛选用户，就能实现从流量用户到需求用户的转变。

这里可以给大家提供一个简单的内容模型，也是我常用的方式，叫"321 策略"，指一周内输出内容的比例安排：

321 策略 =3 篇主领域干货 +2 篇针对领域内问题的回答 +1 篇流量话题内容

用这个模型组合可以兼顾流量和质量，也基本上可以解决"只写干货没人看，只写流量话题无法出产品赚钱"的问题。

用来运营和推广的内容

有了帮你建立认可度的内容，也有了帮你获取流量和影响力的内容，现在你还差最后一块拼图——运营推广。

读者从知道你、认可你，到开始购买你的产品，是通过运营和推广来实现的，这里主要有两件事要做好。

一个是通过内容吸引到读者，这个只是基础，你还要知道有多少人是真正想让你帮他们解决问题的人。在日常的内容里，你可以发起一些活动，把有需求的用户聚集起来，了解他们的需求是什么，遇到了哪些问题，你该如何服务他们，等等。

比如，我做读书博主时，就会定期发起共读活动和问题答疑活动，用这些运营型的问题来筛选有需求的用户。

另外一个是推广，也就是平时大家说的软文广告，这类内容也是很重要的板块。你通过内容建立了影响力，又搜集了用户需求，最终做出一款产品方案来帮用户解决问题。如何把产品介绍给用户、让他们知道产品的价值，如何让用户知晓这个产品可以帮助他们解决问题，等等，都是推广型内容需要解决的问题。

除了推广产品，所有的内容本质都是在推广你这个人，你的每一篇内容都会让用户形成对你的认知，所有的推广最终都是在推广你的个人品牌。

第五节

把能力变成产品的四种形式

能力的类型不同，会导致交付方式也出现差异。如果能力和产品类型匹配错了，不仅很难做产品，还会很难赚到钱。

如果你在生活中比较擅长健身减肥，平时也会与大家分享一些健身知识，获得了很多用户的关注和认可，在积累了一定影响力以后，你决定做一款自己的产品，这个时候应该怎么做呢？

这个时候，你需要了解三个重要的产品概念。

第一，了解"产品的标准化"。这些知识或技能的标准化的程度，会对你设计出的产品造成影响。如果标准化程度很高就适合做课程，进行批量交付；如果标准化程度很低，就只能进行单个用户的交付。

第二，了解"产品的投入产出比"。估算提供一次产品服务需要花费你多少时间。如果你在网上卖资料，你只要付出复制成本就行；如果你要与用户反复交流，需要花费特别多的时间，而且无法做到批量交付，这个时候你就只能进行单一高价值服务。

第三，了解"产品的规模化"。规模化会改变边际成本，只要规模化足够大，你就可以把成本控制到极低，特别是网络上的很多服务，成本几乎为零。比如，你做了一门学英语音标的课，在网上销售图文和音频，这里只有做课的时间成本，只要流量足够大就可以无限复制下去。

理解了这几个产品逻辑，就可以根据自己的能力去设计属于你的产品类型。常见的产品类型有四种，如图 3-1 所示，分别是咨询服务、课程方案、训练营和社群。

我们还是用减肥这个案例来举例，讲一下把能力变成产品的四种形式。

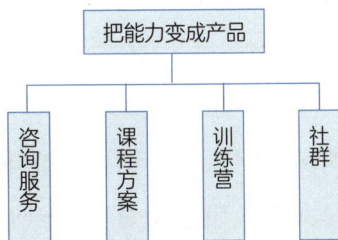

图 3-1　把能力变成产品的四种形式

把能力变成咨询服务

咨询的本质是交付解决思路。

比如，一开始你可能只是想记录自己的减肥过程，不断分享自己的锻炼方法和饮食方案，经过一段时间，你的减肥初见成效，你在这个过程中也积累了不少想要减肥的粉丝。有人参考你的经验减肥成功了，也有人看了你的分享，自己还是无法执行到位，就会给你留言提问请教。但后来问的人越来越多，提的问题也越来越专业，而你本身并不是做减肥指导的，这个时候就产生了咨询指导的需求。

一方面，你花费的时间也是成本，另一方面，你也确实能帮助用户解决问题，于是，这个时候你可以先从咨询指导开始，用自己的经验帮用户解决具体问题，并按次或者按小时收费。

这也是个人能力最容易转化成的一种产品服务，只要你有点儿经验，知道怎么解决问题，就可以向用户提供咨询服务，毕竟自己就在一直做。喜欢健身的人就指导别人健身，喜欢跑步的人就指导别人跑步，这是比较容易做到的。

把能力变成课程方案

课程的本质是提供标准化、流程化的解决方案。

当找你咨询的人足够多了以后，你对用户问题类型就有了基本的了解，这个时候你就可以针对更多想要减肥的人提供一套标准化、流程化的解决方案。

什么是标准化、流程化的解决方案？其实任何事都有不同的解决标准，也有不同的解决流程，只要你找到了问题解决模型，后面就可以把模型完善成标准方案。

还是以减肥这件事为例，随着咨询人数增加，你会发现大家有很多共性问题，不管谁要减肥都是从这些地方入手，比如饮食、睡眠、身体指标、肥胖的形成因素等问题。

通过归纳整理，你就可以做一门针对所有人的减肥入门课，包括肥胖的原因、肥胖对人身体的影响、如何控制饮食、如何改变生活坏习惯、该配合哪些健身运动等几个模块，每个模块能解决几个相关问题，这基本上就是一个入门级的减肥课的框架了。

把能力变成训练营

课程和训练营的差异是，课程只是提供方法，而训练营能帮你用好方法。

如果有了减肥课、买了减肥书还是无法减肥成功，这个时候要么是个人行动力不足，要么就是有一些课程无法解决的问题。把这类用户整合到一起，做一期训练营，集中、较高强度地帮大家解决问题，这个就是做训练营的逻辑。

课程是只交给你方案，你买完是否学习、学得怎么样、能不能用好课程方法，它就不管了。

所以课程通常只能提供科普知识，解决一些简单问题，想要进行更有针对性的学习还是要跟着老师学。现在的训练营，课程是基础，除此之外还会有各种实操活动，也会有问题答疑和指导反馈，比自己一个人学课程的效果要好得多。

把能力变成社群

社群的逻辑跟上面又不一样了，或者说社群与上面的几种形式都有一定的相关性，因此社群应该是最有包容性的一类产品。

因为社群的本质是人群的聚集，它可能是围绕某个人、某个领域形成的圈子，可以是一起学习，也可以是聚在一起玩，只要有一个把人聚集起来的理由就行。

比如，你喜欢读书，平时也经常分享读书过程中的思考，很多人就想跟你一起读书，你把大家聚集在一起组成一个圈子，这就是最简单的社群。如果你一开始实在不知道提供什么产品，而你身边又有一群人，那你就可以先做一个社群，在交流过程中慢慢设计调整自己的产品和服务。

无论把能力变成什么产品，都要结合标准化程度、投入产出比和产品的规模化去思考，这样你才能真正做出让用户满意、让自己盈利的产品。

第六节

如何从零启动第一个付费社群

社群不只是聚集在一起的一群人，更是观念一致者的集合，需求和偏好能够统一，大家才会对社群形成认可。

人是群体生物，天然就有寻找同类的倾向，特别是在这个陌生人社会，人们更加渴望与志同道合的人一起交流。过去没有互联网时，线下也有各种兴趣社群，网络只是让寻找和搭建社群变得更加容易了，群体的需求始终存在。

在网络上，信息的传播更便利，你分享任何话题都很容易找到同类，只要你喜欢的、想要表达的东西能够把认可它的用户集合起来，你的社群就形成了。

如果只是做免费社群，你像上面那样做就已经够用了；但是，如果你想做一个付费社群，单靠这个方法很难把社群做好，毕竟免费凑热闹和付费学习，完全是两个概念。

如何从零启动第一个付费社群呢？

不管你做什么类型的付费社群，都有三个基本流程：分享引流，运营服务，付费转化（如图 3-2 所示）。具体流程可能因你的领域定位不同而有差异，但其整体的逻辑不会有太大变化。

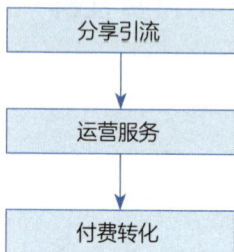

```
┌─────────────┐
│   分享引流   │
└─────────────┘
       │
       ▼
┌─────────────┐
│   运营服务   │
└─────────────┘
       │
       ▼
┌─────────────┐
│   付费转化   │
└─────────────┘
```

图 3-2　付费社群的基本运作流程

通过分享优质内容获得流量

现在网络发达，人人都可以通过互联网分享知识获取关注，图文、短视频、直播、语音，形式多种多样，只要你找到适合自己的方式，就可以在网络上分享和表达。

我最开始在网络上分享自己的读书经验和读书方法，慢慢就开始有人留言提问，提出自己读书时遇到的一些问题。这个时候就有产品的需求了，我可以先创建一个免费的社群，把这些有需求的用户整合起来。

这样做有两个好处：一是能测试用户的需求，看看大家都有哪些问题需要解决，为今后社群服务权益做准备；二是能通过免费社群训练自己的服务能力，学习如何运营好一个社群、日常该怎么做好交付让用户满意。在这个过程中，你会持续积累流量，可以为今后的付费社群做好准备。

通过运营服务获得用户

有人看你输出的内容，这时你的内容只具备流量价值，如果你只是想通过接广告赚钱，那么做到这一步就可以了，持续获得流量接广告赚钱就行；如果你是想通过提供产品服务赚钱，还需要从中找到需要你提供服务、帮忙解决问题的人，这样你的产品才具有用户价值。

运营服务，就是把随机流量筛选转换成用户的过程。运营服务主要用于建立信任和影响力，早期你可以提供免费的内容分享，回答用户的咨询提问，给出一些你的解决方案，在这个过程中得到用户的认可和信任。

日常的沟通分享和答疑咨询，定期举办主题学习活动，这些都是运营的一部分。运营就是维护用户的最好方式。

实现最终的付费产品转化

完整的付费过程，必然要经历一个内容积累，用户信任运营、提供问题解决方案的过程，如果实现了前面两步，第三步的付费转化就是一个必然结果。

这里要提醒自媒体新手，收费要大大方方的。你付出时间给用户提供服务，帮用户解决问题，收费就是很正常的行为。在付费转化的时候，一定要注意信任积累，让用户认可你的专业能力、确认用户需求，给予具体的解决方案，做到这些，你就可以准备实现付费产品转化了。

那么什么时候开始收费才合理呢？这里有两个判断因素：第一，看免费流量的大小，如果你免费提供服务都没什么人来，那这时候开始收费也赚不到钱；第二，看服务投入成本的多少，如果你每天都要花很多时间和精力来提供免费服务，甚至时间不够用，那就说明需要你服务的人很多。你忙不过来的时候，就是最好的收费时机，因为这种情况的出现说明你的服务开始稀缺了。

注意，免费公开的好内容才可以吸引更多流量，而有了流量才可以做付费内容。如果你没什么流量就过早开启付费服务，不仅会分散个人的时间和精力，而且也赚不到多少钱，即使有好产品也卖不出去多少份，这样只会限制你自己的发展。

一旦你有了一小批用户，例如 100 个铁杆粉丝，你就要开始适当收费了，这也是倒逼自己产出更好内容的方式，有经济收入也更容易坚持下去。

刚开始，你可以通过简单的微信群交付，等到人数逐渐多了，需求也开始丰富了，你就可以通过付费软件来提供服务，比如知识星球，这款软件就提供了支付、服务、问答、专栏等一系列服务。

早期的时候，模式越简单、运营成本越低越好，特别是一人公司，因为基本上都是一个人包办一切。服务的水平要跟效率和成本匹配，有时候不是不能提供好的服务，而是虽然你付出了成本和精力，但产品营收只能提升一点点，这个时候多投入的部分就不划算了。

所以做社群服务的早期，你只要抓住一两个用户的核心需求展开服务就足够了，等后期规模大了，你可以慢慢搭建线上团队来提升运营服务。

验证产品需求，跑通服务闭环，是做社群最重要的事。

第七节

如何构建自己的产品体系

在本章中，从能力到产品，我们都给出了完整的介绍。从开始积累能力，到搜集用户需求，再到给出具体的解决方案，这基本上就走完了从 0 到 1 的过程。产品是解决某些需求的方案，需求有很多种，未来也会出现很多解决方案，这也意味着产品的多样性。

最后有必要补充一个非常重要的概念——"产品体系"。每个用户遇到的问题都不一样，产生的需求和解决方式也不一样，因此我们很难用同一套方案去解决所有用户问题，这个时候就需要构建产品体系了。

如果没有产品体系，我们就可能会遇到以下三个产品问题。

第一，给的服务太多，承诺的权益太多，难出新品。

即使我们很努力地做产品，结果也很有可能是费时、费力，还不赚钱。如果不从产品体系的角度去做产品服务，我们很容易对用户承诺太多，一次就提供了所有的服务，这样一来，我们后期就没有新服务可以推出，无法持续吸引用户加入。更重要的是，如果一个产品就能满足所有服务，我们就很难再推出其他产品了。

第二，交付困难，服务占用太多精力，没法做其他事。

有些做产品的新人在刚开始做收费产品时很激动，一下子承诺太多活动，结果导致自己交付困难。还有一些人是没规划好时间，不停地做新产品，结果每天都疲于应付。比如，你一次做出了五款产品，每个产品服务都需要你天天输出内容，就算你有能力做到，可是你要把大部分的时间都用于应付不同的输出，哪里还会有精力去做其他有意义的事呢？

第三，没有产品层级，没法筛选出不同需求的用户。

这一点也很重要。人的需求是多样的，并不是最好的服务就会得到用户的认可，有时候服务太多，可能会用力过猛，反而让用户觉得麻烦。

比如，作为用户，我只是想知道这本书大概在讲什么，你非要我从第一页开始看，我就会觉得麻烦；反过来，有人想深度精读一本书，你却只能提供好书推荐服务，也无法满足用户的需求。

所以，好的产品体系，本质就是给不同层级的用户提供与其需求匹配的产品服务。有人就是想花小钱了解一些知识，有人就是想花大价钱彻底解决问题，需求不一样，付费意愿和参与度也会不同。

什么是产品体系

产品体系就是个人或公司提供的产品的集合，它可以根据用户的不同需求，提供多样化选择。我自己对它还有一个简单的理解：产品体系就是用不同产品满足不同付费门槛和不同需求，进而实现总的产品收益的最大化。

如图 3-3 所示，产品体系有几个鲜明的特点：完整性、层次性、互补性、可拓性和差异化。

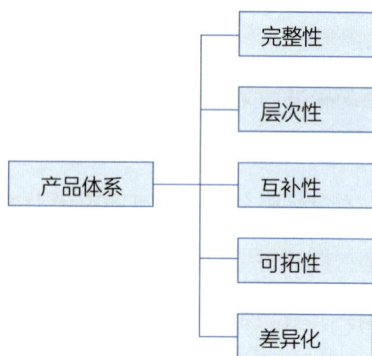

图 3-3   产品体系的五个特点

完整性

围绕某类需求提供完整的产品体系服务。比如，常见的"一条龙"服务就避免了用户多次筛选和购买的问题，可以帮助用户一次在一个地方解决所有问题。

层次性

层次结构明确，从入门到精深，从低端到高端，满足不同需求。人的学习也是分阶段的，刚开始每个人都是新手，但不可能永远处于新手阶段，总会有人想要更进一步，这个时候就产生了新的需求，就好像学烹饪的人不可能永远只想做蛋炒饭。

互补性

产品彼此互补，并针对不同问题形成协同效应，满足用户体验。现在的产品都讲究生态，本质也是在追求产品之间的互补性，某个问题也许就是另一个问题的解决方案。比如，写作需要大量的素材，这就需要多读书，书读得多了就有了输出的需求，这就需要学习写作，因此读书和写作就是两种互补的产品。

可拓性

随着用户市场需求改变，拓展出新的服务，满足新需求。随着个人和市场发展，一些服务需求也会不断增加，因此我们要拓展出一些新的服务。比如，用户想学习提升写作能力，这是一种需求，学习写作之后呢？就会考虑写作赚钱的问题，这两个就是新的需求。

差异化

不同的产品有明确的差异，有其独特的服务价值。差异化才是影响个人选择的决定因素，只有突出某个差异点，人们才会根据偏好来选择某个产品。比如，现在的手机，基础功能都差不多，但是每个手机的核心定位是有差异的，有的主打拍摄效果好，有的主打充电速度快，还有的主打游戏功能佳。在产品体系里，产品之间的差异也是搭建产品体系的核心。

那么，如何设计产品体系呢？

理解了产品体系的逻辑，下面我来分享一下如何设计产品体系。

产品体系的设计思路主要有两个方向：一个是站在用户终身需求的角度，即了解用户做这件事总共需要哪些服务，从用户服务周期来设计不同阶段和不同需求的产品；另一个是站在个人投入的资源和精力的角度，产品服务成本直接影响精力和资源的投入程度，如果用户量带来的收益无法承担成本，我们就要通过不同定位的产品来提供服务。

我们学习产品体系，不是为了马上做出成套的不同的产品，而是为了先建立正确视角，树立产品思维。这样一来，我们就不至于在后期做产品时受限制，也更清楚到什么阶段应该提供什么样的产品服务。

设计产品体系的原则

设计产品体系的核心原则是：服务时间不冲突，价格服务不重合，符合用户所处的能力阶段，有未来发展空间。

如图 3-4 所示，设计产品体系有五个原则。

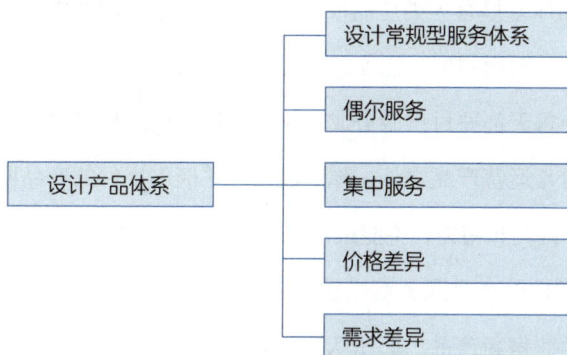

图 3-4　设计产品体系的五个原则

（1）设计常规型服务体系：维持日常运营的三级产品体系，即入门、中级、高级。

这个是用户需求决定的，有时不是服务越好，用户就越喜欢，大家购买产品的本质还是想要解决问题。比如，我坐高铁，下午就能到达目的地，因此我中午吃个泡面就可以凑合，这时候你提供水煮鱼套餐，我就不会购买。再比如，我日常跑步是为了让自己身体有活力一点儿，因此我买个简单的跑步与拉伸教材就够用了，没必要花太多钱请私教。

用户能力阶段不一样，产生的需求也不一样，不是越好的产品服务就越受欢迎。

（2）偶尔服务：设计不定期产品，有交付时间限制，一期一结束。

产品体系里有一类产品很重要，就是偶尔提供的服务，而且它最好有交付时间限制。比如，即使一年只收 1 元钱，但是如果你在这一年中每天都要付出服务成本，那么这个模式显然也还是无法持续。在日常运营产品之外，你只能做一些偶尔交付的产品服务，花费少量的时间和精力，不能跟常规产品争抢太多的时间和资源。

日常性的产品服务可以按照常规的三级体系设计，除此之外，如果你再想做新产品，而团队交付能力不足，就尽量不要再开始任何超长周期的产品服务，可以提供偶尔服务，作为日常服务的探索和补充。

（3）集中服务：在特定时间地点进行交付，只进行短期、集中的投入。

当产品用户的规模扩大到一定程度，你就可以安排一些集中型的服务。集中型服务比较可控，你可以专门选择在自己的空余时间集中团队全力投入，做完就结束，不影响其他产品服务。比如线下交流会或者线下大课，集中在几天内就可以完成交付。有些产品就是需要有真人互动才有好的效果，而且集中服务还能锻炼团队的交付能力，就像罗振宇每年的跨年演讲，团队每年都一起为一个目标努力，也是一次很好的训练团队的机会。

（4）价格差异：用价格设置基本体系框架，引流、入门、中阶、高级。

用户的需求有差异化的特点，有人就是想花钱解决实际问题，有人则不满足于基础服务，宁愿花更多的钱解决更深层次的核心问题。由此就产生了不同价格标准的服务体系。

用价格设计产品体系，不仅能满足不同的需求，也能筛选出需求强烈的用户，为他们提供更有针对性的服务。比如，同样是读书，有人想泛泛了解一下书中的精华内容，而有人则希望好好学习书中知识，还有人不仅想学习书中知识，还想在生活中进行实践。

（5）需求差异：用户有不同的服务需求，你提供的不一定是用户想要的。

有一类用户认为花多少钱就解决多大问题，还有一类用户不在意价格，只是想解决其遇到的核心问题，这类用户需要的就是需求驱动的产品。

如果没有需求差异，有些需求可能就会被掩盖，这些用户无法在你这里得到服务，就会转而去选择其他人的产品。

尽早思考产品体系的设计，不仅可以让你更轻松地做产品，还能尽可能放大你的个人产品的营收价值，帮助个人和公司抓住长期的发展机会。

第四章

营销能力：如何把产品卖出去

- 敢于"豁出去"就是巨大的红利。

- 未来只有"出头鸟"才会有更多机会。

- 永远不要猜测用户的需求。

- 要有意识地像一家企业一样，在有营销活动的时候抓住机会。

- 对于自己不认可的产品，即使利润再多也不要去推广。

请先来思考一个问题：当你有了流量之后，要如何把流量利用起来，把产品销售到用户的手里呢？

本章将会和大家分享如何打造一个能赚钱的朋友圈。整体的逻辑是：先打造一个有价值的朋友圈，良性地介绍自己的产品，接着利用一定的方法进行促单，最后再通过裂变活动放大销售。

第一节

心理关卡：推广害怕被人骂怎么办

敢于"豁出去"是红利

很多人刚开始做自媒体时会遇到一个问题：担心亲朋好友看到。针对这个问题，我想和大家说的是，敢于"豁出去"就是红利。

一开始，我在朋友圈分享相关内容时，会选择分组可见，家里人和朋友不可见。但后来慢慢地，有一位朋友和一位家人偶然得知我在做自媒体，逐渐地大家都知道了，所以我也就无所谓了。

不过由于我每天都会在朋友圈转发自己的文章，频率比较高，所以我会把"熟关系"都设置为不可见，例如同学、家人、朋友，因为我觉得这些"熟关系"并不一定认可我的观念。

而我做自媒体恰恰是在不断分享自己的观点，熟人们未必能接受，但又不能删除我，所以我在朋友圈发布自媒体相关的内容时，就会将他们设置为不可见。

但如果他们自己主动去关注我的公众号，或者我的公众号内容被推送到他们面前，那就顺其自然了，但是现在公众号遵循算法推荐机制，不常看我的人也看不到我的内容。

很有趣的是，一开始我的很多家人都会坚持帮我转发，但时间一长，他们就放弃了，一是因为他们不如我有毅力，二是因为他们也有自己的生活，他们对我的关心可能是好奇心驱动的，一旦好奇心没了，他们也就不再关心了。

再到后来我转型拍视频了，也还是有这个担忧，因为曝光程度更高了，不过情况和我写公众号时一样，大家刚开始也很关注和支持我，后面就没声音了。

人是极度适应习惯的动物，时间一长就会习以为常。

就好比我原本性格特别内向，但现在变得越来越外向了，刚开始家人也很不习惯，但时间久了他们就慢慢习惯了。

总的来说，不要太担心别人的看法，一是他们一定会习惯，二是每个人都有自己的生活，多数人只关心自己，并不会过多地关注你。

当你能够不介意被熟人看到自己的内容之后，就意味着你敢于"豁出去"了，因为有太多"脸皮薄"的人，所以你敢于"豁出去"就是巨大的红利。

在做自媒体的这七年中，我越来越发现，在这个时代，"豁出去"就是很大的红利，比如脱口秀演员和网络达人，他们能成功的一个原因就是敢于"豁出去"，敢于展示自己的个人特色。

以前是"枪打出头鸟",因为技术不发达,资源被垄断,大家的温饱问题还没解决,人们都在忙着工作,哪有时间看你"表演"呢?但未来只有"出头鸟"才会有更多机会,只有让别人看到你,你才会有更多可能性。

把推广变成"安利"

推广产品时,要有"安利"① 心理,也就是要诚意推荐,只推广自己认为很好的产品,对于自己不认可的产品,即使利润再多也不要去推广。

但比较"扎心"的是,产品质量越差的人,往往越重视推广,因为不推广就卖不出去,最后导致劣币驱逐良币。所以我会为那些有好产品但不敢吆喝推广的人感到非常可惜,你不推广,就只能看着你的粉丝去买别人的不太好的产品。

无论是你自己研发了一款产品,还是你用了别人的产品觉得很好,帮忙分销,最重要的都是要多推广,让更多人知道这款产品的存在。

有些人可能会担心收到别人的负面反馈,这是无法避免的事情。对此我一般有两种解决办法。

对于熟人,你们的价值观和兴趣爱好并不一定重叠,你的推广

---

① 在本书中,安利专指一个网络流行语,意思是"诚意推荐",例如,"请吃下这颗安利"意思是"请接受我的真心推荐"。

也许是在打扰对方，而且对方也不认可你，他们自然就会给出负面反馈，所以发朋友圈时要屏蔽这类人。

对于不认可你的粉丝，如果他因为你的推广而骂你，那你可以直接拉黑或删除他，因为他一边免费看你提供的内容，一边又不买你的产品，而且还要骂你，他只是在消耗你的精力和情绪，因此你要尽快远离这类人。

在创业和销售的早期阶段，遭到质疑和批评是不可避免的，但随着时间的推移，你会逐渐筛选出那些认可你的用户和适合你的圈子，这些人和群体才是你真正的支持者，他们不会轻易对你进行无理的指责。

知识星球 App 创始人吴鲁加曾经说过一句话，我非常认可，卖货的第一件事，就是大声且频繁地吆喝。放下虚无缥缈的"害羞"和"面子"。

有些人的性格比较内敛，这类人其实是不太适合从事商业类工作的，因为商业的一个重要环节就是要把产品卖出去，如果你能把这个问题给解决了，就会战胜很多人，并且还会拥有很大的竞争优势和红利。

有一次，我参与了一个知名社群的产品推广，那是我做推广力度最大的一次，因为我想在活动中得到比较高的排名，但神奇的是，当我拼尽全力推广之后才发现，其实很多人没有看到我的产品，因为我的公众号的打开率是 5%，朋友圈的打开率也是差不多的数值。

这也就意味着，当你的微信好友有 1000 人的时候，你每次发在朋友圈的信息也只有大约 50 个人能看到。所以某个产品在朋友圈只发一次是不够的，你只有反复发，至少发 10 次左右，才能让一半的人看到它。

当你发的信息能让 50% 的好友看到的时候，可能有人会骂你，会不认可你，这恰恰证明你的推广真的到位了，然后你慢慢就能筛选出目标人群，这类人群一般对推广的接受度比较高，对新鲜事物也比较好奇。

推广的目的是什么

有句话叫作：钱流向了不缺钱的人，爱流向了不缺爱的人。同样，流量也会流向不缺流量的人。

如果你对于钱的利用效率高了，比如有人给你 100 元，你能用这 100 元挣到 200 元，那自然会有越来越多的金钱流到你手里。流量也是一样，你打造了一款好产品，就能吸引到更多客户来购买，你就能获取更多的金钱，金钱又可以让你投入更多的时间进行创作或投放推广，你自然就能获取更多的流量了。

推广能增加客户购买你产品的比例。当有 100 个客户时，不会营销的人可能只能转化 5 个客户；而对于推广效果较好的人，转化数量会更多，即使是相同的产品，在不同人的手中，效果也会存在显著差异。

第二节

价值输出：打造一个干货满满的朋友圈

我在上一节中说，不要害怕被人骂，但接下来我要说一个相反的观点：要尽量打造一个不会被人骂的推广环境。

也就是说，你要进行高价值输出，你的内容越好，别人对你的推广的容忍程度就越高。毕竟虽然你在打广告，但用户也免费获得了有价值的内容，这就平衡了用户的心理。

并且，在发朋友圈时，你的内容在价值上要与产品匹配。这里有两个层面。

一是你的内容要和你未来推广的产品相匹配。例如，如果你是一个健身教练，那么对用户而言最有价值的内容就是关于健身和营养的科普知识，有了这些内容，大家就会觉得你是这方面的专家，并且懂得非常多，这样他们不仅不会过于反感你未来做推广的行为，还更有可能购买你未来推广的产品。

二是你要把匹配产品的内容优化得更好。这就比较考验你的专业知识积累和文案功底，因此你在这一方面的优势也是别人无法快速超越的壁垒。例如，我认识一个连续创业者，他本身就很喜欢写作，能够很轻松地做一个创业 IP 教练，因为别人能透过他的文字看到他的价值。

这种方式属于良性的推广，对于个人能力的要求相对更高，你需要有足够的知识储备，才能输出有价值的内容帮助别人，然后顺理成章地把产品卖出去。

但如果你的专业度还不够，我建议你可以营造一个喜欢学习的人设，比如你是健身教练，虽然你不懂太多健身相关的理论，但你正在努力学习，当你把学到的知识同步分享到朋友圈，同样会对别人很有价值。

再比如，我是从大二开始做自媒体的，那时的我，除了课本上的知识以外什么都不会，甚至我还是个"学渣"，我连课本上的知识都无法教别人，那怎么办呢？

于是我就看了很多关于学习的书籍，例如《刻意练习》《学习之道》《练习的心态》等。我在学习的同时，提取出书中的好内容，再结合自己的一些思考，分享到公众号和朋友圈，这样就能为别人提供很大帮助，那么我未来如果出一个和学习相关的课程，对方就可能会购买。

除了分享知识内容之外，你也要多分享一些个人的生活，比如你过去的成长经历、你的所思所想、你的日常等。为什么要分享这些呢？因为用户一开始关注你，可能只是想从你这里直接获取某些知识或信息，但通过你分享的自己的故事，对方也会开始了解你这个人，这样一来，你的个人品牌就慢慢形成了。

用户一旦对你产生了信任，那么未来他不仅会买和你的专业有关的产品，甚至在你推广其他领域的一些产品时，对方如果有需要可能也会购买，这就是 IP 的力量。关于如何打造 IP，我会在第六章和大家分享。

第三节

促单营销：推动用户下单的最后一步

朋友圈的变现效果掌握在自己手里。当你在粉丝量相同的朋友圈和公众号中，发一次某内容，可能公众号的转化效果更好，但如果在朋友圈发五次，那么转化效果就会是之前的五倍，触达用户的效率就得到了极大提升。

而且你可以几乎零成本无限试错，用不同的文案去试，总会找到一条效果好的，以数量取胜。朋友圈极其强大，极其高效，就像互联网上流传的一句话："宇宙的尽头是微信私域。"

虽然这几年朋友圈的变现能力已经被稀释了不少，效果变差了一些，但依旧是所有平台里最好的。

如何通过有效发朋友圈来提升转化率呢？答案是：不重样。同一个卖点，同一个产品，可以换不同角度去分享和宣传，虽然用户每次看到的都是同一个产品，但每条朋友圈的宣传描述重点都是不一样的，用户就不会太反感，因为有信息增量。

相反，如果你针对同一个产品、同一个卖点，不断发同样的文案、同样的图片，没有任何新意，那么用户就会觉得自己的时间被浪费了，就会反感。

在写这一章时，我回顾了之前的宣传，基本上在每一次宣传中，我都没有重复使用过相同的文案。只有两种情况我会重复发相同的文案：一是过去某个文案转化极好，所以我需要重复发到其转化效果变差为止；二是在优惠活动的最后一天，这个时候紧迫感本身就是最好的宣传，文案的作用就没那么重要了。

相比之下，我的一些团队小伙伴的宣传效率相对较低，但他们已经形成个人 IP 了，所以只要加大宣传力度，效果就会好很多。当然，宣传效率低的好处就是未来变现空间大，目前我的变现空间就已经被不断地挖掘了很多，因此未来变现空间就会小很多。

怎么样衡量自己的变现效率是否合理？可以粗略地参考一个指标：付费人数在你的微信好友人数或公众号粉丝量中的占比。

我的创富社群：5000 人 /270000 粉丝 ≈1.9%。

我的微信私域：5000 人 /70000 微信私域 ≈7.1%。

从以上数据来看，我还可以不断地挖掘。有时候我们差的不是流量，而是转化的能力，千万不要把路径给搞错了。

因为提升了转化能力，你自然赚得更多，赚得多了，就可以买新流量，就能够获取更多的流量，形成新的闭环。如果卡在转化率上，却去苦苦追求流量，你就会很辛苦。

我之前写过一篇文章，说我花了七十万元买流量，但因为我的转化率极高、变现效率极高，所以我才说，我自己一分钱都不用花，单纯把赚来的钱用来投放就可以形成循环了。

当然，这个转化效率极高，并不是指我当时的转化能力强，而是投放广告的广告主的转化能力强。所以很多会写文案的人，写一篇文案可以收一万元，因为只要帮广告主提升 1% 转化率，广告主的收益就可能增加几十万元，甚至几百万元。

上面提及的不发重复朋友圈的宣传方法，除了提高转化率，还能激发每个用户不同的需求。

人有时候总以为，自己觉得好的，别人也会认为是好的，但其实并不是这样。

比如我做自媒体，每天看数据和流量，会觉得"流量大过天"，但对于日常只是想学习的人来说，流量对他们来说一点儿都不重要。

所以后期我就养成了一个习惯：永远不要猜测用户的需求，而是尽可能把我有的东西一次又一次展现出来。然后再做统计验证，如果哪一次的展现吸引了更多的用户，那我以后就多用这个方法。也就是不要只凭空想，要用事实验证，并且尽可能将你的内容足够充分地展现出来，你才能验证出用户到底更喜欢什么。

最后，当你的内容拥有了一定的输出价值之后，促单就开始变得非常重要了。促单的方法一般有四种：晒单、晒进步、晒反馈、晒交付。

晒单就是展示订单。常见的晒单形式是在达成交易、收到了一些用户的付费之后，把收到付费的截图发到朋友圈进行展示。虽然这样的展示会给其他客户带来一些微妙的情绪的触动，但这种情绪的触动恰恰容易引发成交。

晒单背后的逻辑是让用户更直观地看到"原来真的有人为此付费"。我们在购买一个产品之前，如果看到很多人也在为此付费，就会放心很多：既然很多人都买了，那我也买一个吧。晒单的作用本质上和引导客户在直播间抢购订单、在线下店排队购买、在评论区发布好评很像，都是为了营造一种产品很受欢迎的氛围。

晒进步就是展示出你的进步。我做自媒体、成为养成系①博主已经有 7 年时间。这 7 年来我都在不断地成长和进步，在这个过程中我遇到的每一次里程碑事件都可以进行展示。例如赚到了第一笔钱、写了 1000 篇原创文章、招到第一位员工、租了办公室等等，我都会发一条朋友圈并把它置顶。

用户看到你进步的点点滴滴，就会觉得你是一个值得信任的、持续成长进步的人，因此更容易选择你的产品。因为用户购买你的产品也许不仅是为了产品本身，更是为了靠近你这个人。

晒反馈就是展示用户对于产品的反馈，从而增强产品的说服力。如果我们只是自己说产品有多好，是缺乏说服力的，但如果换成用

---

① "养成系"是一个网络用语，一般指从默默无闻到获得成就。也常常用于游戏中，意为花时间和心思去培养一个虚拟人物成为心中的理想状态。

户来说，感觉就完全不一样了。

因此，如果用户写了好评，说我们的产品对他产生了多大的影响，我一定会截图发个朋友圈，这样还可以让其他用户从另一个视角了解我们的产品。如果你早期用户数量太少，没有人自发地给你好评，你可以主动邀请他们写一下反馈，挑选好的反馈作为你的朋友圈素材。

晒交付就是展示你为用户实际提供了什么。我很喜欢这样一句话，"交付即营销"，所以现在我也养成了一个习惯：每完成一个交付的动作，我都会尽可能将其展示出来。

例如我们团队有咨询服务，用户咨询了一小时的时间，结束后写了这次咨询对他的帮助，我会把此次咨询的持续时长、过程中的交流、结束后的反馈等咨询相关记录截图展示到朋友圈。也就是说，当你交付得越多，你做营销的次数也应该越多。反过来说，有时候我觉得我的营销动作做得不够多，很可能是我对用户的交付还不到位，我就要倒逼自己把服务做得更好。

第四节

活动营销：用事件撬动销售

在现实生活中，你可以看到大量的营销活动，它们渗透在你生活的各个方面，但你会非常自然地融入其中，成为对方的客户。例如"双十一"、满减优惠、麦当劳推出猫窝等。

所以，一人公司也要有意识地像一家企业一样，在有营销活动的时候抓住机会。下面我给大家分享三种类型的活动。

天然营销活动

天然营销活动，例如情人节，每年都一定会有一次，不需要你刻意去创造。节假日①是很好的营销节点，比如我之前就在情人节组织了买一送一的活动，情人节当天下单的人，可以带一个人一起进群学习，其身份不仅限于伴侣，还可以是非常要好的家人、朋友。我就用这种方式形成了一定的口碑，扩大了用户群体。

---

① 这里的节假日除了我国的法定节假日外，还包括了购物节等。——编者注

并且，在节假日举办活动的好处是，大家不会反感，会在潜意识里觉得这是理所当然的事情，就像商品在"双十一"期间卖得更便宜，但之前买贵了的人并不会觉得自己吃亏了，因为大家已经有了共识，在这个特殊的节日就是有优惠的。

所以，我们要善用每一个节假日，当有了这个意识之后，你就会发现天然的营销活动可太多了，"618""双十一"、元旦、春节、妇女节、世界读书日等，你可以挑选出任何适合自己的节假日进行天然营销。

主动营销活动

主动营销活动，就是你自己创造出来的属于你的营销活动，例如肯德基的"疯狂星期四"。

我组织过"百日返现"活动，活动规则是：一个人如果加入社群，写作满 100 天，每天写 100 字，就能退回入场费。我用这种方式吸引了很多人加入。

天然营销活动不需要解释，大家都知道这是可以享受优惠的日子；而对于主动营销活动，你就必须不断地告知用户为什么要参与这场活动，告知用户能获得什么好处。例如，我前期会不断地告知我的用户，写作有什么好处，能为他带来什么改变；接着，我会和用户说，如果你没办法坚持写作，那就来尝试我的轻打卡活动，体验一次坚持的感觉；最后，我会再举一些具体的例子，比如有哪些小伙伴加入我的社群、坚持写作 100 天后，发生了多大的改变等。

当你把这两种营销活动用好了之后，你的收入会有巨大的增长。根据我过去的经验，我有 60% ~ 80% 的销售额都来自这些特殊的日子创造出来的收益，在这些日子大家基本上都会放下心理防备：便宜了这么多，买一个试试吧。

借势营销活动

借势营销，用自媒体的话来说就是"追热点"。如果能够将自己的产品或服务与当下热点话题相结合，那么将会获得更多机会。

借势营销的机会是可遇不可求的，所以我甚至会因为某个热点的出现，想办法推出相关的产品。

例如之前 AI（人工智能）这个话题很火，我认为这可能是十年一遇的好机会。有的人也许会想：我完全不懂 AI 啊，这个热点和我没有任何关系。其实不是的，AI 软件普通人可能做不了，但 AI 相关的自媒体账号、课程或社群，基本上是人人都可以做的。做课程有点门槛，不适合新手，但社群就是人与人交流、顺便探讨某个话题的平台，非常适合新手去做。

所以我就做了一个 AI 社群，卖了 2000 多份社群课程，这算是我当时最火爆的产品，比我其他的一些产品还卖得好，其中最核心的原因就是借了 AI 热点的势。

我本身其实不懂 AI，但是我有两个比较好的能力可以填补这点：

一是合作能力，我找到了非常懂 AI 的一个朋友参与社群的分享，一下子就把社群的内容质量拔高了；二是学习能力，当时我每天都阅读很多 AI 相关的内容，顺便就在社群里把学到的分享给大家。

从商业的逻辑来看，有时候并不是我们"懂什么"就"做什么"，而是"什么火"就"做什么"。市面上很多做自媒体、用内容获取流量的博主，一开始可能对某个话题是不了解的，但是他们认定这个话题能吸引大家的注意力之后，就马上去学习，并产出相关的内容，因此获得了成功。

用"追热点"的方式撬动一人公司的发展，是非常重要的。任何公司都会有一个基本盘，也就是核心业务，例如我就把成长社群作为基本盘。但遇到 AI 这种热点话题，我也一样会去抢占热点、获取更多的用户，这样就有机会带动基本盘发展得更好。

第五节

裂变营销：如何利用群发售进行裂变推广

最后一招是最强大的裂变营销，它也是最复杂、最难的，你如果能发挥好它的威力，就可以十倍、百倍地撬动已有资源。

为什么它会有这么大的威力？在裂变中，我们不仅仅会利用现有的流量资源，还会结合所有过去积累下来的人际关系。

如果你自己有一万人的流量资源，同时又认识十个也有一万人的流量资源的人，他们也参与裂变，这就将流量资源放大了 10 倍。

为什么对方愿意参与呢？因为有利可图，资源流动产生互换，会形成共赢的局面。所以如果你想要在裂变中吸引更多人参与，就要在平时多帮助别人。例如我之前做了一个觉醒合伙人项目，会收一笔不小的入场费，筛选人群，但一旦筛选完成之后，我就会不定期地把自己的流量输送给我的合伙人。

输送的方式很简单，就是分享，例如邀请合伙人来我的社群做一次干货分享，我会在分享结束后向大家推荐合伙人的微信名片，这样一来，我的读者收获了干货知识，我的合伙人收获了新增的流量，一举两得。后面如果我的合伙人发售新产品，我觉得产品不错，也会动用自己的资源去推广一下。这是一个长期积累的过程，如果你一直帮助别人，大多数人都会记着你过去对他的帮助，一旦你有需要了，他自然也会出手相助。

那么群发售裂变活动要如何操作呢？概括来说就是，利用人们喜欢获得免费资源的心理，用免费公开课吸引大量目标人群进入微信群，在微信群进行连续几天的公开干货免费分享，穿插介绍裂变活动的产品，进而实现转化。

一般来说，我们就算不动用别人的资源，也可以用这种方式把有意向的用户吸引到群里面，再接着去分享和转化。假设你有10000人的流量资源，吸引了其中1000人进群，最后实现了10%的转化，就有100人为你付费。

上面简单介绍了如何裂变，下面我用七步来拆解群裂变的方法。

第一步，招募裂变合伙人，把过去一些你认可的人都召集到一个群里，这些人最好要有一定的流量资源和带货能力。

第二步，开始准备裂变海报，规划好3～7天的公开课分享，分享的内容要和卖的产品有关系。例如，你卖健身私教课，就要分享健身知识；你卖读书会会员，就要分享读书方法论；你卖写作课，就要分享写作知识；等等。公开课分享的内容要提前准备好，可以是你自己的，也可以邀请一些相关领域的嘉宾进行分享。分享一般以图文的方式，也可以采用直播的形式。

第三步，让参加裂变的人开始招募，利用他们的流量资源，把他们的相关用户都邀请到这个免费公开课群里，并且要用能够追踪到邀请者的方式，招募周期大约持续一周。

第四步，开始公开分享。首先让大家自我介绍，互相熟悉，把最好的内容拿出来放到第一天分享；第二天，开始为你的产品做铺垫，但先不要分享此次裂变活动的产品；从第三天开始，就可以进行销售了。

第五步，第三天之后开始有转化，会陆续有人购买裂变活动的产品，这个时候，就要有意引导，开启接龙模式。比如你可以在群里说"已经购买的人请接龙，小助手会邀请你入群学习，并且会发放一个小礼物给你"，这样就能促使其他人购买并接龙。接龙的核心作用是，利用"从众心理"，促使正在旁观或犹豫的人决定加入。在这个时候，你可以多带动群内的氛围，例如让已经购买的人分享为什么决定要购买。

第六步，公开课临近尾声，想购买产品的人也都已经购买了，这时，我们就要进一步影响还在犹豫的人，例如可以做一些促单营销，促使更多人购买。

第七步，此时裂变活动已经结束，就要开启后续各种服务工作了，例如统计渠道分佣情况、回答学员问题、强调权益等，这些都是比较琐碎的事情，但也不能忽视，一步一步都要做好。

第五章

生态能力：合作共赢的价值

- 生态好，在里面生活的人就好。

- 与其"混圈子"，不如围绕自己建立利益共同体。

- 互推的本质是一种可量化的人际关系资源的交换。

- 所有的发展，走到最后都必然是强强联合。

- 一人公司的终极目标是打造自己的生态圈。

第一节

构建生态，十倍赋能

我们依靠个人的能力，可以走完从 0 到 1 的过程，但如果还想获得更大的成功，就不能再单打独斗，需要有合作共赢的思维，要学会整合资源，才能十倍、百倍地持续放大个人的收益。

本章我们就来系统地聊聊生态和圈子，以及合作共赢的价值。

一人公司的思路，就是从个人的思维转化为公司的思维去创业。公司最擅长的就是整合资源，组织更多人协作，最终把公司变成一个生态，让更多人在里面获得收益。

我们在生态圈子里能协调使用的资源是个人资源的百倍。比如，我们最早在自己的私域里推广产品，就算把所有用户都转化了，也只能卖到五千份，但使用社群生态，让大家帮我们一起推广，就有可能卖到一万份。除此之外，还有人际关系资源、合作机会、信息交流等，之前一个人很难实现的事，现在都可以做到，这就是生态圈子的价值。生态圈子有很多种类型，我们做任何事，其实都是基于某个生态来实现的。

那么，什么是生态呢？

这是一个涉及生物与环境之间的相互作用和关系的概念。现在生态学已经成为一个独立的学科，主要就是研究生物体与环境之间的相互作用。

简单来说，生态好，在里面生活的人就好。比如，我们常说的宜居城市，其实就是城市的生态环境好，人住在里面感觉舒服。生态一旦形成，其内部的生物体之间就会形成稳定的相互依存或竞争的关系，整个生态就会维持总体的平衡，在外部就会有很强的竞争力。

生态的三种类型

生态思维在商业中的应用也很多，最常见的生态有三种：平台型生态、品牌型生态、关系型生态。

平台型生态：提供一种基础服务，延伸出很多服务需求

微信、京东、抖音，都属于平台型生态，很多人的产品和服务都依附于这些平台。腾讯视频、优酷、爱奇艺等视频平台也属于平台型生态，如果该平台上的内容很全面，用户购买会员就可以看到他所有想看的内容，那么该平台的会员就很有竞争力。

平台最容易形成生态圈子，因为平台就是生态所必备的土壤，有了这个土壤，就可以延伸出很多新需求。比如，很多城市喜欢建

美食街，目的就是把所有美食汇集起来，形成美食资源优势来吸引消费者。

平台级的生态一旦构建成功，就会形成巨大的竞争壁垒。比如，即使你现在做出一款比微信还好用的沟通 App，也不一定能和微信一样成功，原因是微信生态已经形成，用户已经习惯了这个软件，很多人都在微信生态里生存。比如，写公众号的、做视频直播的、用微信跟客户沟通的，太多人在使用微信这个平台了。

品牌型生态：通过品牌给产品赋能，从而实现联动效应

举个例子，小米在智能家居领域有很多布局，于是形成了品牌型生态，很多人都是为了生态互联方便，才去购买了小米生态的智能家居，这就使得小米在市场上拥有了很大的竞争力。

再比如，我一直在使用苹果生态产品，虽然苹果手机、平板、手表、电脑，这些产品并不是每个都好用，但就是因为苹果形成了品牌生态，每个产品都互联互通，要是换了一个就需要把所有的都换了才能便于使用，所以我一直都没换过。可以说，我之所以还在用苹果产品，就是在用这个生态。

对品牌来说，品牌生态越全面，竞争力就越大。

关系型生态：在生态中互相满足需求而延伸出的关系生态

我做的社群生态就是基于关系构建的，其中有 IP 和粉丝的关系，也有社群服务和用户的关系，社群里面的用户之间又产生同学关系。在关系型生态里面，大家可以互相学习，一起做项目，还能

接触到更多新的机会。

我现在出的这本书，出版方就是粥左罗老师推荐的，熟人介绍本身就可以降低很多了解、信任的成本，因此这次出书也进行得很顺利。生态里的人们是利益共同体，大家遇到机会都愿意相互帮忙，产生的新机会也会被生态里的人快速抓住。

过去，现实生活中很多机会和资源都只在一些圈子中流通，只有在圈子里的人才能受益；现在，因为网络的兴起，大家可以自发在互联网关联形成新圈子，这对我们普通人来说是一次重要的机会。

圈子对人的影响也很大。接触到新的人群，或者进入一个好的环境时，不用刻意做什么，只要被圈子里的人影响，你就会慢慢开始改变。

不同的生态关系圈也有区别，有些提供人际关系网，是强关系；有些提供信息网，是弱关系。但是这两种关系都是不太稳固的，也就是说，偶尔管用，大部分时候都不管用。

因为大家都很忙，没有多少精力维系这样的关系，顶多就是彼此认识而已。很可能你对某个人有很大期待，但人家根本就不在乎你。如果你每天都在这种圈子里花时间，做的就是无效社交。你投入了很多精力，但是产出很少，这有什么意义呢？对比下来，我还是喜欢真诚一点儿，慢慢筛选出认可的人。最高级的关系，不是靠"混圈子"，而是建立起一个互惠网络，大家都是利益共同体。这个时候，你们的关系才是有价值的，他帮你，就是在帮自己。

如何建立有价值的生态关系

我在这里分享一个简单的人际关系模型，如图 5-1 所示。

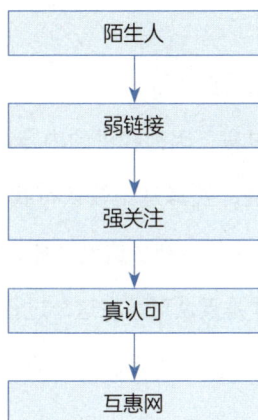

```
┌─────────────┐
│    陌生人    │
└─────────────┘
       │
       ▼
┌─────────────┐
│    弱链接    │
└─────────────┘
       │
       ▼
┌─────────────┐
│    强关注    │
└─────────────┘
       │
       ▼
┌─────────────┐
│    真认可    │
└─────────────┘
       │
       ▼
┌─────────────┐
│    互惠网    │
└─────────────┘
```

图 5-1　人际关系模型

在这个模型中，包含四级人际关系的跃迁。第一级是从陌生人到弱链接。

比如，本来咱俩不认识，现在你关注我了，我们就形成了弱链接关系，双方都处于尝试和验证阶段。你看了我的文章，觉得有价值就继续关注，觉得不好可能就忽略了，你投入的精力也是很少的。

第二级是从弱链接到强关注。

看过我直播的人基本上都了解，我坚持做知识直播，坚持分享"一听就会，一听就懂，一听就能用"的知识，不讲大道理，不讲高级词汇，讲的都是大家最需要的知识点。

在看直播的过程中，如果你觉得我讲得不错，有启发，下次还想看，这个时候我们就变成了强关注关系，也就是你认为值得在我这里多投入一点儿精力了。

第三级是从强关注到真认可。

你关注了我，留过言，因为我讲的内容对你有帮助，给我刷过礼物，有过简单的付费，就算是比较认可我了。除了方法论层面，我为人真诚，讲的内容比较实在，这也是被你认可的原因。

价值上的认可，才是真认可。在这个过程中，你支持我的新书，加入共读群，我们之间就产生了更深一层的链接，你遇到什么问题，我也愿意认真回答。

因为大家的认可，我才获得了影响力，这也是我构建自己的互惠网络的开始。

第四级是从真认可到互惠网。

你关注和认可我，本质上还是因为我的内容对你有好处，但我们如果要进一步建立关系，就需要加入互惠网络。比如，我出版了自己的书，就可以进入青年作家的网络，可能会有人找我连麦，或者邀请我参加某些分享活动。这种交往是对等的合作，也是互惠网的链接。

互惠网可不是靠"混圈子"混出来的，而且这种网络本身就是排他的。介绍这些不是鼓励你成为一个只看利益的人，而是为了讲清互惠网的逻辑。你可能不喜欢，但是你要了解它。

每个人都有不同的需求，每个人都有不同的成长阶段，我们无法随随便便就得到自己想要的东西，同样也不是每个东西我们都需要。如果你不需要，就没必要投入那么多精力，与其"混圈子"，不如围绕自己建立利益共同体。

我们围绕新书就建立了一个圈子，有什么推广、写稿、内部课程的资源，都会先分享给圈子里的人。每个人的注意力、时间和资源都是有限的，理解这一点，你才能得到真正的关系。

第二节

如何找到自己的生态位

现在网络社群几乎已经变成了服务型的圈子，大部分都是花钱就可以进，虽然降低了用户加入的门槛，但是人们在生态里获益的难度却升高了不少。

这是个简单博弈模型，门槛低意味着竞争对手多，门槛高意味着竞争对手少。作为个体，如果早期没有什么优势、资源，只能靠花钱购买"门票"，去敲开别人的生态圈子大门。但我们进去以后，该怎么做才能放大自己在生态里的收益呢？

如图 5-2 所示，想"混"好生态，有三个阶段需要经历：依附积累、生态卡位、联动升级。

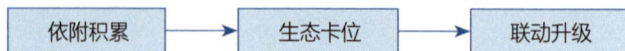

图 5-2 "混"生态的三个阶段

依附积累

这个比较好理解，生态圈子门槛变低了，圈子里面的竞争自然也会更激烈，但也有一个好处，就是我们早期可以通过其他生态圈子，完成个人积累。我们可以通过在各种社群分享和输出，来训练自己的内容能力，慢慢积累自己的第一批粉丝。

很多人会想着好好写内容，以为靠自己闷头写一年，就可以赚到钱了；但真相是，现在网络平台增量流量难以获得，大家都是在存量里相互竞争。也就是说，现有流量已经被瓜分得差不多了，想要快速出头，就别再自己一个人辛苦积累流量，而是要去"混"生态，用别人的流量曝光自己。

自己闷头写一年，可能也没人看；但如果你在一个几万人的社群里分享，就可以马上得到上万的阅读量，这比你自己辛苦提升流量快多了。

生态社群是很大的资源壁垒，你在里面可以得到很多一手信息，因此如果个人的积累不够，你就可以通过社群提供的信息差，完成个人的学习和知识积累。接着积累影响力，从一个学习者转变为内容创作者，让别人通过你的内容获益，你的影响力自然就形成了。

生态卡位

什么是生态卡位？用一个简单的案例来说明，一个新小区盖好了，周边需要基础商业服务，但又因为小区人数有限，支撑不了太多的商家，通常一个品类最多有两家店有生意，其他的只能跟着凑数。

比如，一个小区的基本商业配套有便利店、早餐店、理发店、超市、快递点等，这些商业服务，谁最早开店谁就占据了好时机，同类的店如果开多了，竞争激烈，商户们都不赚钱，所以合理的搭配就是每家店都提供不同的服务，这个就是生态卡位。

互联网圈子也是如此，用户会产生很多的服务需求，但是每种需求并不需要那么多提供服务的人，谁先占领生态位，谁就具备最大的竞争力。

比如，在自媒体领域，"生财有术"就是第一个专注于通过互联网来赚钱的生态社群，一开始没有其他与此相关的社群，所以它一出现，想通过互联网赚钱的人都纷纷去那里学习，后来类似的社群越来越多，但它们都没有"生财有术"的影响力大。

经过了第一阶段的积累，然后再依靠个人优势去提供课程咨询、陪跑、分享等服务，再用合作的形式提供自己的服务，这样你就能把个人和生态捆绑在一起，成为生态的一部分。

用他人的流量，提供自己的产品服务，实现共赢。

联动升级

这个可以用"兄弟分家"来理解，小时候我们是一家人，在一个锅里吃饭，等各自长大、结婚后就开始独立组建家庭，但是跟原有的家庭还是可以亲密合作。

也就是说，当你的个人积累到达一定程度，慢慢有了自己的流量和影响力，成长起来了，就可以跟其他生态圈子进行合作，联动形成更多生态圈子，从而形成战略势能。

比如，我们跟知识星球生态达成了很多深度合作，从而帮我们把业务规模做得更大；我们还跟出版生态业务合作，通过出书持续扩大我们的影响力；另外还有其他课程平台，我们可以不用搭建讲课平台，直接使用课程平台的生态，既能降低服务成本，又能更方便地服务更多用户。

这种合作带来的最直观的好处，就是我们可以跟其他 IP 生态互换资源，这样涨粉效果比自己埋头写几个月的稿子要好得多，生态之间长期合作还会带来生态联动升级。

最后，我来分享通过生态赚钱的实战经验。

第一步：了解生态社群有什么产品、有哪些特点、如何交付等。

这个过程，不仅能让我们了解生态的价值，也是个人学习积累的重要阶段。可以多看看别人在做什么，是怎么做的，有哪些自己可以学习借鉴，为今后发展打基础。

第二步：学习营销带货知识，开始发朋友圈，积累初始流量。

想赚钱必须要迈过一道坎，那就是学习营销推广。用户需要什么、该怎么介绍产品、如何打动用户下单，这些都是我们必须要学习掌握的能力，可以说每个 IP 最大的价值就是能把东西卖出去。

第三步：通过朋友圈带货，直接赚取分佣。

大部分人在刚开始做自媒体时，会因为无法坚持输出、不知道选什么定位、没有时间积累而沮丧。如果你想一个人解决产品、流量、销售、服务的所有问题，难度是很大的。

反过来说，如果你先做好流量和推广，再找一个优秀的产品，通过卖别人的产品也能赚到不少钱。

第四步：挖掘自身能力优势，把能力匹配需求变成咨询服务。

做产品，除了考验人的知识体系是否完善、解决问题的方案是否靠谱，还要考验个人的经验方法是否真的能帮用户解决问题。

这个过程需要花大量时间去测试大量案例。做咨询是最好的服务方式，你可以搜集用户问题，看看用户有哪些需求，以及你提供的方法有没有帮到用户。

第五步：把咨询服务过程以及积累的用户问题和需求升级成产品。

提供咨询的过程不仅能培养个人的交付能力，还能让你搜集到足够多的用户问题。把这些问题整理到一个体系中，这就形成了一个简单的课程模板。再把咨询过程中的输出、用户最喜欢你提供哪些服务等整合到一起，就是一个很好的产品。有了产品就可以用第二步学的营销推广能力，把自己的产品卖出去，就能实现从 0 到 1 的转变。

第六步：实现从生态中成长，构建产品闭环，和其他生态合作共赢。

当你有了影响力，有了一批忠实用户，就可以持续挖掘用户需求，打造个人产品体系，找其他 IP 生态合作，从而快速扩大个人影响力、增加营收，从而延伸出更多的机会。

第三节

如何用互推打造人际关系生态

互推，应该是在公众号领域独有的模式，但是就算你不做公众号，也一定要看完本章，因为互推的本质是一种可量化的人际关系资源的交换，而人际关系资源是人人都需要的。

互推是什么意思呢？简单来说就是，两个粉丝量级相差不大的公众号号主会彼此发一篇推荐对方的文章，然后添加上对方的公众号名片，有人看完文章觉得不错，就会去关注对方。

假设两个拥有一万个粉丝的号主互相推荐一次就有机会各增加500多个粉丝，那么如果一个这样的号主每年找 10 个相同量级的号主互推 10 次，那他就能最少增加 5000 个粉丝，一年就是 50% 的增长，这是非常厉害和夸张的。

在互推过程中，如果你选择的号主都是你的粉丝认可的，那么你们其实不需要付出多少成本，只是像一次简单的"安利"一样，粉丝并不会觉得你在打广告。

互推的频率，多则每个星期一次，少则每个月也要有一次。互推就是在和时间竞赛，如果你一直没有互推意识，你就比别人发展得慢很多。因为别人的涨粉都是在发出推文的那一刻就完成了，但你的涨粉要靠你花大量的时间创作内容，最后也许是同样的涨粉效果，但你却付出了更多的时间。

放到现实中来看，**互推就像朋友介绍、店家互相推荐。**

朋友介绍：你把你的朋友 A 推荐给了你的朋友 B，A 和 B 就互相认识了，这个过程是没有什么成本的，并且以后 B 也会推荐他的朋友 C 给你，那么你们两个人就都多了一个朋友。

店家互相推荐：你开了一家奶茶店，你把你的用户都加到了微信上，另外有一个开鸡排店的朋友也有个加了很多用户的微信号，那么你们就可以互相推荐对方的产品，从而实现双赢。

这就是为什么大家都说人际关系资源极其重要。但前提是，你要有资源，这个资源可以包括你的粉丝、能力、知识、财富等。它会让你的收获呈现指数级的增长，远比你单打独斗带来的更多。如果你从 "0" 到 "1" 花了五年的时间，现在你已经有 "1" 了，就可以和同样有 "1" 的人进行交换，那么你们可能只需要花一年就能够达到 "1.5"。

那么，问题来了，如果你现在还没有粉丝、没有资源，该怎么办呢？

早期从 "0" 到 "1" 的阶段确实是最困难的，你还没有获取第一个万粉[①]，自然就无法使用互推这种模式，所以你只能选择辛辛苦苦地创作，然后用免费的内容换取一些关注。

而且你的内容还要有价值，对别人有帮助，别人才会慢慢成为你的流量，接着你还要持续输出，别人才会慢慢转变成你的粉丝。

发布免费的内容——获取关注——对别人有帮助——使这些关注你的人变成你的流量——持续输出有帮助的内容——让这些流量变成你的粉丝，这个路径消耗的时间是很长的，所以有个说法，从"0"到"1"要比从"1"到"10"困难很多。但是，我们是不是必须到了"1"之后才能开始交换资源、加速成长呢？其实也不是。

你虽然没有一万个粉丝，但当你积累到一千个粉丝的时候，也是可以开始互换的，只是你的体量不大，感受不到效果，所以你就不会重视。

所以，对于没有达到"1"的人，只要有这个意识，其实也可以开始和别人互推。这个概念不仅体现在公众号上，也体现在一人公司的方方面面。

如果你没有粉丝资源，但你有一些金钱资源，你就可以付费给大V[②]，让他们帮你曝光；如果你没有金钱资源，你总归有时间资源，你就可以帮别人干点儿事情换取金钱资源，然后再去兑换其他资源。

这里的核心是，你要有意识地让你的资源流动起来。如果你手

---

① 一万个粉丝。
② 微博上获得个人认证及拥有众多粉丝的用户。

里本来就有粉丝资源，就不要把它一直握在自己手里，不愿意共享给别人，生怕自己的粉丝跑了。其实，一人公司是无法垄断资源的，所有的客户都会同时关注好几个产品，不会只关注你一个。而且，一个人对一件事物的新鲜期是非常有限的，他今天喜欢你的产品，明天就能喜欢别人的产品。

　　基于这两点，你还不如去多和别人交换粉丝资源，让你们的资源流动起来，彼此都能有所收获，同时也许你还能从别人的粉丝中吸引到更喜欢你的人。

第四节

用合作思维搭建百万社群生态

我从 2017 年开始做自媒体，到现在为止，已经和不同的人合作开设了 10 个以上的社群（如图 5-3 所示），涉及读书、自媒体、AI、商业等方向。开设多个社群的背后的逻辑就是合作思维和生态思维。

我们个人的时间和精力是极其有限的，人每天最多工作 16 个小时。我们仅仅靠自己，最终大概率是一事无成的，所有的发展，走到最后都必然是强强联合。

图 5-3　阿猫开设的知识星球社群

下面分享三个进行社群合作的思路：股权合作、合伙人合作、共创合作。

股权合作

股权合作，就是共同出资、共同付出努力，并按约定比例分配收益。比如这本书就是我和合伙人共创的，虽然我们的版税都少拿了一半，但是我们付出的时间和精力也减少了一半，如果你觉得时间比金钱更重要，自然就可以少拿钱，多留点儿时间给自己，然后去创造更多的新价值。

合伙人合作

合伙人合作，就是群友会持续在社群里面贡献优质内容，但不参与股权分配、利润分配。我会和对方说，我们一起共创这个知识星球，每个人每周要负责分享一篇内容。只要我找到 10 个这样的合伙人，我自己就不需要再去付出太多的精力创作内容，同时社群中也会持续有优质内容更新。

但这类合伙人必须靠你慢慢找出来，他们会长期在你的社群分享优质内容，然后随着合作的深入，他们会愿意帮你去销售社群、推广社群。

共创合作

共创合作，就是即使不成为你的合伙人，也愿意主动在社群里分享内容的一些人。理论上，只要对方加入这个社群，愿意自发地在社群里分享内容，这种方式就是共创合作。

怎么进行共创合作呢？我会用一些激励的机制来鼓励大家做分享，比如积分制度。我认为，一个社群中如果只有创始人在分享的话，那就不是一个社群，只是一个课程。

一个真正的社群，不应该是只有创始人在分享，而应该是大部分分享都来自社群的成员。当你能把一个社群运营到有很多成员自发在里面分享时，你持续输出内容的压力就会减少。所以一定不要一个人埋头苦干，一定要多思考运营、活动、销售等维度。

有人看到这里可能会想："不断开设社群，要如何吸引别人加入呢？"

这是个好问题。我当时也在思考，一方面思考如何让过去的社群能继续运营下去，另一方面思考如何吸引人加入新的社群。

让过去的社群能继续运营下去，主要是要找到一些愿意在群里分享内容的社群合伙人，并且确保这些社群合伙人的内容是没问题的，这样他们的分享才会吸引其他社群成员看。继续举办各项活动也会吸引群友长期参加，而我会慢慢变成一个销售社群的角色。

那么，如何吸引人加入新的社群？持续变现无非就是靠增加流量、开拓产品和提高转化率，而多开一个社群，就是在做开拓产品的事。增加流量看起来是比较困难的，但开拓产品和提高转化率则是相对容易的事情，只不过，我们需要思考怎样分配精力。

我采取的是合作模式。比如我的第一个社群当时已经有 4000 位成员了，从流量上来看，能买产品的人都已经买了，很多读者就算是想在我这儿花钱也没地方花了，因为我没别的产品了。

但这个时候，我和其他人合作开了一个读书会，通过宣传，很快吸引了 1000 位新用户加入，而这其中不少都是当时买过第一个社群的人，相当于我把已有的流量又利用起来了。

我当时的想法是，如果我有条件和 10 个人合作开不同的社群，那现有流量不就还可以变现 10 次吗？当然，这种深度合作的机会是有限的，随后我采取的做法就是"合伙人生态"，在下一章中，我会和大家具体讨论。

如何找到社群合伙人、合作规则怎么定才可以长久愉快地合作，这又是很多人会碰到的问题，我们继续往下聊。

首先，这个人肯定是你在圈子里的熟人，不管是内容、流量、产品还是渠道，他至少有一定的实力。在这个基础上，我给出的合伙人标准有如下五个。

（1）在资源上帮助你，例如流量支持。

（2）在认知上帮助你，例如提供投资人赛道方向的建议。

（3）在经营上帮助你，例如提供产品开发、社群运营的建议。

（4）在内容上帮助你，例如创作、定位、写文案等。

（5）在性情和三观上比较相似，愿意和你一起走下去。

这五个标准看起来不难达到，但能同时满足的人并不多，例如有的人其他方面都很好，但你们的三观不太相似，那合作就走不长远。

所以有人说，合伙做生意很容易闹掰。如果闹掰，我认为有两个因素：第一，人不对，从一开始就选错了；第二，双方不懂得合作与分配，自身缺乏合作能力。

鱼堂主说过一句话："找到一个对的合伙人比找到一个对的结婚对象还难。"

确实是这样。首先你要把自己修炼成一个比较好的人，这个就很难，其次你还要找到一个也在不断修炼自己的人，这又很难，最后你们还要刚好遇上，且彼此还能放下戒备心，并且都有合作意识，那就是难上加难。

好的合伙人一定是可遇不可求的，但大家可以跟着这些思路，慢慢去提升自己，慢慢尝试和一些人合作，不要抗拒合作，不要害怕对方背叛。在一次次试错的过程中，你慢慢就能发现适合自己的合作对象了。

第五节

一人公司的终极目标是打造自己的生态圈

过去我是一个很内向的人，但由于我加的圈子足够多，后来慢慢变得在社交方面不再胆怯了，所以我就尝试构建类似的圈子。

一开始，我先确定这些圈子所能提供的资源，然后，再找到我认识且需要这些资源的人，逐步尝试，最终我发现了一个能一次性满足情绪价值、资源需求、信息需求、人际关系需求等的终极圈子——"合伙人生态"。

接下来聊聊我为什么做这个生态，以及这个生态的好处，希望也能启发你未来去做一个属于自己的生态。

我为什么要做"合伙人生态"

首先，合伙人可以帮我解决流量问题。

我最开始看到"合伙人生态"时兴奋了很久，因为它在一定程度上解决了我做自媒体的一个很大的问题——流量。

我的"合伙人生态"允许大家卖我过去的产品,并且会给加入的人超高比例的分佣。在他们卖我的产品的过程中,我会得到新的曝光,相当于他们的流量向我这边倾斜,这是最吸引我的一点。目前来看也确实达到了这个效果。我最近在卖"创富社"这个产品,很多合伙人都在帮我卖,他们在一定程度上帮我扩大了"阿猫"这个 IP 的认知度,这样就帮我解决了一部分的流量问题。

做一人公司最大的烦恼就是,你想要得到流量,要么就花时间,要么就花钱。花时间就是要辛辛苦苦花很长时间去创作内容,获得平台流量;花钱就是要去买流量。我已经花了快一百万元,用于在不同的大号①上推广"阿猫读书"这个账号。买流量很费钱,而且后期会慢慢饱和,也有一定的风险。

"合伙人生态"是我发现的第三条路:让合伙人卖我的产品,他们赚钱,我赚流量。这一点从逻辑上类似于我前面说的互推。

此外,我可以帮合伙人解决产品和转化的问题。

我观察到,只有极少数一人公司能在流量、产品、转化三个方面都做到极致,很多人就算全职做也没办法把这三个方面都做得很好,可能每一个都需要花两三年时间去慢慢走通。

如果要同时兼顾这三个方面,就既要努力在平台上创作获取流量,又要去做产品,还要去想怎么做转化。很多人没有时间做这么多事情,但他们其实不应该把时间同时分配到这三件事上,而是应

---

① 指拥有广泛受众和较大影响力的微信公众号。

该先专注获取流量，再去帮别人卖一些好卖的、好转化的产品。

发现这个问题之后，我觉得我需要把自己的产品做得特别好卖，而且在这个过程中，我可以教他们如何销售。因为在没做"合伙人"产品之前，我的"创富社"也卖了5000多份，这说明我有销售转化的能力。

我不仅能给他们提供可卖的产品，还可以教他们转化方法。这样，既解决了他们的转化问题，又解决了他们的产品问题。前期他们就只需要专注在平台上创作免费的内容吸引流量就可以，把所有的时间放在早期最核心的地方。

事实上有很多小 IP，他们自己的公众号只有一两百的阅读量，没有什么人会投放广告，这样就很难变现。

如果成为我的合伙人，有了我的产品，他们就可以去卖我的低客单价产品，一个月起码可以赚几百块钱，这也算解决了早期"为爱发电"的问题。

从更长期的角度来看，我招募的这一批人当中，有小 IP 也有大 IP，大 IP 不仅可以卖我旗下的低客单价产品，也可以选择去卖"合伙人"产品或者我的高客单价产品。

比如我招募的一个人，他自己本身是做自媒体的，有很多铁粉，他把他的铁粉招募到我的"合伙人"里，他的铁粉就可以卖我的产品，这样也就有机会使我的生态圈自动放大。

同时，一些刚开始做一人公司的人，其实他们手里不会有太多产品，甚至他们还没有产品体系的概念，不会有低、中、高不同价位的产品，那么我提供的产品就可以帮他们提前打通产品不同的价位。

我希望一些刚起步、流量不多的人能卖出更贵的东西，因为你的流量本来就不多，没办法批量化地去卖几十块钱或者几百块钱的产品，那需要更多流量。如果你只有很少的粉丝，但是能够非常用心地服务这一小批粉丝，那你就有机会把高客单价的产品卖出去。

合伙人生态的价值

总的来说，合伙人生态可以让参与者得到以下五点价值。

第一点，超高分佣。

合伙人销售我旗下的产品都有很高的分佣，这样他们就有机会在流量不多的时候尽快赚到钱。

我会将产品的定价设置得低一点儿，这样用户看上去会觉得性价比极高，合伙人就会很容易把产品卖出去。当合伙人发现产品真的能卖出去的时候，他们就会更有动力去成为一人公司，并努力去创作内容获得流量，因为他们知道得来的流量都可以用来销售我的产品，从而赚到钱。

第二点，扩大影响力。

虽然给合伙人很高的分佣，会让我的收入降低很多，但是他们的粉丝都慢慢转到了我这里，以后我可以用他们的流量再去卖我的新产品，所以从长远来看，这对我是有好处的，因此我也会继续回馈他们，例如用我的流量去扩大他们的影响力。

我本身有很多渠道可以做推广，包括朋友圈、公众号，以及100个读书群的嘉宾分享渠道等，如果合伙人很积极地帮我曝光我的品牌，帮我卖我的产品，我就会邀请他来我的读书群进行一次分享。我给他们提供公众号或者微信引流的机会，这就相当于我的流量反过来又回到了他们身上。

第三点，合伙人训练营。

现在我的"IP创业营"会跟旗下所有的合伙人联合创办一些训练营，像带货训练营、公众号训练营、朋友圈文案训练营等，只要有市场需求，或者合伙人身上具备某项能力，我们就可以一起做一个训练营。

为什么要这样做？如果我想做一门课程，我的时间、能力有限，而且我最擅长的是商业或社群运营方面的事务，无法在其他方面给我的读者贡献很好的价值。因此，我选择与在不同领域做得好的人进行训练营合作，而他们也愿意跟我合作，因为通过和一个比自己影响力更大的IP合作，一方面可以得到曝光，另一方面也会拥有更多经验和收获。

我们的训练营每次招募200人左右，这些合伙人在给这200人分享的过程中可以曝光自己，从而有机会获得一些非常有价值的粉丝。

比如"创富社"的一个带货训练营就来自我的合伙人,他是负责人和讲师,成功帮我驱动了"创富社"和小报童。这样的合伙人的价值就非常高,他可以帮我让大家带出更多货,我会给这种合伙人设置更好的奖金机制。

我们的训练营有两种形式,一种是大训练营,比如带货训练营;还有一种是小训练营,主要是自媒体领域一些垂直细分的小技能,比如朋友圈文案训练营和公众号互推训练营,一般做7天或者14天。

第四点,社群内部链接交流。

做自媒体最难的,是需要链接到一些相对同频、能够达成合作的人。如果你能提供这样一个圈子,它就会变成你的社群价值。合伙人其实也是个社群,当你把筛选出的人拉进来之后,他们就会自发地互相链接并合作一些项目。

第五点,流量的反复利用。

虚拟产品有个特点,就是复购率非常低,要想把你的流量重复变现,就要持续销售不同的产品。

虽然很多人都可以做自己的产品,但因为没有团队,大多数人都只能做一款产品,到最后,他们的变现形式要么是一直卖自己的那一款产品,要么是不断接广告。等到既接不到广告,自己的那款产品也卖得差不多时,他们就赚不到钱了。

但如果他们做我的合伙人,就可以挑不同的产品去卖,可能每两三个月都可以变现一次,他们的流量就可以反复被利用起来。

基本上每 1 ~ 3 个月，我会为合伙人组织一次活动，招募他们卖我旗下的产品。一方面，我可以每 1 ~ 3 个月就获取一波稳定的流量，另一方面，他们每 1 ~ 3 个月就可以实现一次变现，这样他们就可以持续地把自媒体做下去。

想持续把流量变现，无非有两种模式，一种是不断地卖不同的产品，另一种是不断获取新流量。如果你没办法获取更多新流量，那就只能反复利用你的现有流量去卖不同的产品进行变现。

第六章

IP 能力：打造持续赚钱的 IP

- 只要和别人不一样，就值得分享。

- 很少有人一下子就能找到一辈子的定位，都是慢慢试出来的。

- 好 IP 应该是能赚钱的。

- IP 就是你的商品，你要尽快验证你的 IP 中核心价值是什么，然后快速将其复制和扩大。

第一节

个人 IP 的机会与价值

其实每个人本身都是一个 IP，就像微信公众号的口号："再小的个体，也有自己的品牌。"

我们每个人的家庭不一样、朋友不一样、学校不一样、工作不一样……这些差异都是可以分享的东西，你只要愿意持续分享出来，就有越来越多的人认识你，你的 IP 就做起来了，只不过是规模大小的问题而已。

你可能会说，这种普通的事情有什么好分享的呢？其实只要和别人不一样，就值得分享，因为你在填补对方未知的领域。填补了未知就是一种价值。

你的读者一定不可能在各个方面都有和你一样的经历，甚至大多数人应该是各方面都不一样，那分享的价值就很大了。

我和别人聊天时有个习惯，特别喜欢探索对方曾经的故事。比如之前我和一个读者线下聊天，她说自己的问题是不知道能写什么，但后面我问了她很多问题，她不知不觉中讲出了很多故事和道理。我说，你看，这全都可以写，而且很有价值，对别人会很有启发的，特别是完全未接触过这些领域的人。

下面我就分享几个做个人 IP 的好方法。

复述好的内容

如果你暂时想不到有什么可以分享，或者不善于自我表达，那你就可以复述好的内容。

这个方法是内化知识最强大的武器，很多人经常会忽略这个方法。同样一个方法，你只是听一遍，是很难做到的，但当你把这个方法用自己的语言复述一遍，做不到的概率会从接近 100% 下降到50%。除了复述以外，你还可以加上自己的思考，以及对未来的实践的想象，你做不到的概率会慢慢下降。而且这时候你是站在巨人的肩膀上分享，对别人启发也会更大。

因为很多人可能没时间完整看完一本书，你把书里的内容提炼出来，用自己的口吻分享，这些观点对于大多数人都会很有启发，你的涨粉也会相对更容易。

并且复述还有一个重要的价值，我们在结合自己的思考时，必然会将自身过去的经验叠加到别人的思考上，这样的分享就不会是干巴巴的知识，而是一个鲜活的故事。

例如，你看到了一个道理是"慢慢来，比较快"，你会开始思考这句话：你过去有什么事情是"慢慢来"反而"比较快"的呢？可能是你做了一个新项目，并慢慢打磨优化，虽然你比别人做得慢，但最后结果却是最好的，那么，这就是一个你亲身经历的例子。

当然，可复述的内容不一定只有书，任何你觉得有启发性的内容，你都可以用自己的语言复述一遍，这样做有三个好处：巩固所学，加深印象；当作记录，方便以后回顾；分享到自媒体上，内容会对别人有帮助。

我和很多读者聊过，发现做自媒体有一个很大的好处，那就是，你通过写作会发现自己在某些方面的匮乏，这会倒逼你去阅读。

如果我没有做自媒体，可能就没有一个动机让我去阅读，我的写作量和阅读量会大幅度减少，这是很可怕的，可能我的思维和思想会就此停滞。幸好有了自媒体这个思考工具，我才得以在毕业后的日子里依旧在进步。

提升学习能力

到了后期，你会发现自己的复述能力越来越强。复述能力其实就是一种学习能力，当你听完老板的话、台上的演讲，或是学完一天课程，你就可以用自己的语言把它们概括总结出来，这不就证明你将这些内容消化得很好吗？

很多人读完书或听完课后，你问他们"学到了什么"，他们会说"想不起来了"，或最多只记住了几个要点，甚至只能记住老师在课堂上讲过的一个笑话。这就是复述能力不足导致的学习能力不足。而在运营自媒体的过程中，你提升了学习能力，这项能力在生活的各个方面都会很有用。

增加知识储备

为什么我们早期只能复述，而不是自己写新观点？因为我们缺乏知识储备和经历，没办法把当下的事情与曾经学过的东西相结合，所以就没有新观点。

如果从不阅读，一个人到了四五十岁可能也能够有很多自己的想法，这是岁月的沉淀。但是，如果只有想法而没有知识的积累，很多时候只能把新的想法停留在想的层面，容易心有余而力不足。

所以我们要多阅读、多思考，大量的阅读和写作会帮助我们在短期内拥有很多自己的想法，从而能做很多事情。丰富的知识储备是做个人 IP 的强大助力。

"随便发"

"随便发"的意思是，在发布内容时不要有太多顾虑。"随便发"的目的是帮助你坚持把这件事先做下去。

如果你自信满满地找到了一个精准的定位，并且可以持续发100 篇内容，那当然是更好的，这样也可以让读者更容易猜到未来能从你这里看到什么内容。

但是，大部分人虽然找到了定位，但是到后面就没内容可发了，所以我建议，可以"随便发"读书、职场、育儿、成长等内容，能发什么就发什么。

在发的过程中，你可能会找到两三个定位，这些定位是有关联的，进而你也能发现自己到底适合长期发什么、读者更喜欢什么。

一开始不要把自己的定位卡得太死，很少有人一下子就能找到一辈子的定位，都是慢慢试出来的。

第二节

尽早地完成 IP 的商业化

做 IP 就要做"值钱"的 IP，而 IP 之所以"值钱"，就是因为用户会为你的 IP 买单。所以我认为，好 IP 应该是能赚钱的，要想知道自己的 IP 是否"值钱"，就要尽早地商业化。

创业本身就是商业行为，最重要的是先"跑起来"，完成商业化，赚到第一笔钱，这才符合商业逻辑。回看很多商业故事，多数创业行为都是从一个点子得到验证、创业者赚到第一笔钱之后，才真正地进入创业快车道。

个人 IP 也是如此，IP 就是你的商品，你要尽快验证你的 IP 中核心价值是什么，然后快速将其复制和扩大。

如何快速验证 IP 的商业化能力？IP 是用"擅长的领域"和"有魅力的人格"影响一批有共同偏好的人群。把这几个要素组织在一起，就可以找到最简单的商业闭环，给用户提供有价值的内容，让用户为你付费。

比如，你擅长跑步，可以给喜欢跑步的人提供跑步相关知识；你擅长英语，可以给想学习英语的人提供学习英语的相关知识。只要想清楚你能提供什么、谁需要你，就可以完成基本的商业闭环。

反过来，如果你只闷头做其中一件事，就很可能因为无法变现，最终失去坚持下去的动力。更可怕的是，你会在一条错误的路线上努力，自己却没有发觉。完成商业化，才能验证你的商业模式是否可行。

最重要的是先"跑起来"

最好的商业化方法，就是先"跑起来"。无论你创业做什么，都要想办法先"跑起来"，越早跑通闭环，就越容易获得成功。

关于"跑起来"主要有四个思路。

第一，先在脑子里"跑起来"。

一个东西能不能做，可以先在大脑里过一遍，模拟一下，做什么、怎么做、要经历哪些阶段、自己是否具备条件、最终收入方式是什么，等等。

把这些事项在脑海过一遍，你看到最终有收益，就说明闭环形成了，再理顺其他逻辑就行了。

第二，把流程"跑起来"。

你打算做什么事？第一步是什么？这些内容只要想到了就要开始行动，从而倒逼自己继续往前走。

比如，你想做一个社群，那起码要开始发布内容，吸引用户关注你，吸引有相关需求的人，把他们筛选出来。

第三，把内容模式"跑起来"。

把内容模式"跑起来"就是做测试，尽快测试内容、题材、领域、需求，你就成功了一半。刚开始不知道定位很正常，多写、出现爆款就复制经验，多写这个领域的内容，慢慢地它就变成你的定位领域了。

这个方法主要为了验证自己的内容价值，看看是否有人对它有需求。

第四，赚到第一笔钱。

这笔钱是多少都没关系，主要是要尽快看到这笔钱的出现。你提供了什么、是谁给你付钱、为什么给你付钱，等这些东西测试出来了，基本上闭环就跑完了。

剩下的就是升级和复制这个闭环。比如，如何获取更多流量？如何提高产品利润？如何持续赚钱？如何改善自己的服务？

商业化的三个步骤

接下来我们来说，普通个体走向商业化的具体步骤。

第一步，先做一个"活人"。

这个可能跟大家想的不一样，不是写内容，不是研究产品，也不是做项目，这些大部分人都做不到。更靠谱的方式，是先做一个活跃的人，并且向他人证明你是一个活跃的人。

比如，在知识星球里多点赞、留言，夸奖别人，在朋友圈里多分享自己的想法，在微信群里多跟大家互动，让大家对你有印象。

第二步，添加微信好友，建立基础流量。

你在活跃的过程中，自然会加很多好友，这个阶段至少要加500 人才算及格，努力一下甚至可以加到 1500 人。

与好友日常交流，简单总结其他人分享的内容，哪怕只是汇总资料、帮别人梳理今天的分享内容，也是获得好感的方法。

这些人都是你一个个通过互动认识的，比一般粉丝更有价值，他们就是你未来迈向商业化的基础。

第三步，开始带货和拿佣金。

因为你经常活跃在大家视线里，大家对你很熟悉，人在面临选择的时候，通常都会靠近熟悉的人或事。

你只要当好这个"熟人"的角色，正常分享自己的收获，从分享好东西的角度去带货，别人如果需要，又刚好熟悉你，你就很容易带货成功。

以上步骤基本上就可以帮你度过自媒体创业的新手期，同时这也是一个必要的学习体验阶段。这个阶段取决于个人的积累和努力，通常 3 ~ 6 个月就可以完成。

三种可选的商业模式

脱离了新手阶段后，接下来你将面临四个选择。我对商业模式的理解是全局性的，你采用哪种商业模式，就会有相应的内容形式。所以，变现方式的选择就决定了你输出内容的选择。

通常来说，自媒体创业的商业模式有三种。

模式一：流量广告。

这个是最简单直接的，你通过内容获取流量，把流量卖给广告商，就赚到钱了。这个模式需要你尽可能不断获取新流量，内容自然要靠近热点。

模式二：课程。

这就需要系统内容了，如果你能完整地解决一个类型的问题，并把这些解决方案汇总，就做出了一个课程的基本盘。

课程的内容通常以干货为主，比如某个类型的经验、解决方法、相关案例，让别人看到你很擅长这方面的知识，你的课程才有人买。

模式三：社群。

社群是一群人的汇集，更是一种氛围和兴趣集合的结果。这种模式就需要你多分享自己的经验，因为人们加入社群就是想学某个他感兴趣的东西，如果他觉得这个社群里的人值得他学习，就会加入。

所以社群里的内容一般是思考经验、成长心得、个人感悟之类的。读者想成为你，想跟着你学习，想和你成为一类人，这些就是社群成员的需求。

当然，这三种模式也是互通的，只是侧重点不一样。在早期的时候，尽量多一些真诚，少一些目的性，这样更容易让人记住你，也更容易汇集属于你自己的粉丝群体。

基本上做社群做到 1000 人的规模就算是入门了。另外的一些商业模式，本质上都是围绕提供价值、交付运营和推广，也就是产品、服务和流量转化。细节可能因个人差异而不同，但是基本逻辑不会变，你可以从 0 到 1 地重新梳理自己的商业逻辑，看看自己处于什么阶段，后面要怎么努力。

第三节

如何用内容打造人设

　　什么是人设？人设这个词大家都不陌生，最简单的解释就是，你在别人眼里是用什么样的方式呈现自己的。

　　比如，我是自由职业者，自己创业，每天只工作不上班，这种生活状态，就是一部分人向往的，他们也想跟我一样，因此可以说我帮他们实现了这方面的人生梦想，虽然有的人自己做不到，但看到一个人过上了自己梦想的生活，他们的心里也会开心一点儿。

　　但是人设不是凭空设计的，而是一种行为反馈的塑造，意思是说，你本身有某些特质，只是经过市场反馈后，你将自己人格特质中的一个侧面进一步聚焦和放大了。

　　比如，其实我的思维能力和内容创作能力很强，但是在很多人眼里，我只是会读书，这就是被市场验证、反馈后，放大一个侧面的结果。

　　有的人会出现"人设崩塌"，其实并不一定是他自己发生了巨大的变化，而是从一开始，他本来的特质就被大家期待的特质替换掉了。比如，我本来只是一个读书的人，如果大家把我捧成"为爱发电"的读书人，那么当我靠读书赚钱时，就不再符合大家的期待了。

所以，人设是个人局部的放大器，是一类需求的旗帜，是一类需求的组合。

人设的两个作用

人设的作用是什么？从我的个人经历来看，人设主要有两个作用。

1. 快速识别

在茫茫互联网上，每个人停留在某个页面上的时间往往只有几秒钟，用户如何快速识别出你是否属于他想看的人呢？通常就是看标签。

所以，在早期的时候，一定是单一的、重复的、直观的东西最容易被看到。比如，家里空荡荡的，就只有客厅里放了一本书，它就会被人一眼看到。

反过来，如果家里有沙发、茶几、酒柜、电视、玩具等一堆东西，要从这些里面找到书就很难了。

一个人肯定是多面的，构建人设就是先要凸显那个对你和用户最重要的东西，其他的特点，以后再慢慢丰富也不迟。

比如我，做社群和内容创作、产品规划、活动运营、商业模式、日更 1000 天，这些都是我的标签，但我一般只说自己是职业读书人。不是不想说其他的，而是这样可以尽快让人识别出我，这个比其他的都重要。

2. 聚集同类

混圈子久了，你就会发现，自己喜欢的博主，基本上三观都很像，大家是因为观念相近而聚集。人设就像一面旗子，吸引了类似的人聚集在一起。比如，我是读书博主、职业读书人，喜欢读书的人就会跟我聚集在一起。

但是，人设不是喊出来的，而是一点点构建出来的，是用你的一篇篇文章、一条条朋友圈、一场场直播塑造出来的。大家也会在这些细节中慢慢对你形成一个明确的认知，这个认知就是你的人设。别人对你形成认知之后，就会基于这个认知，自动完成选择。

如何构建人设

构建人设 = 找到定位 + 分享经历 + 不断重复

1. 找到定位

这个是最直接的，也是构建 IP 人设的基础，你要能长期围绕一个主题进行持续输出。

比如，鱼堂主几乎每周都要分享解读两本书，其他的内容也是分享与读书方法、通过读书赚钱、成长思考相关的内容，很少写别的东西。

无论你定位在什么领域，长期持续地输出相关内容都是最重要的。因为长期持续输出才有积累，有积累才有专业影响力，这个才是别人信任和认可你的基础。

2. 分享经历

定位只是让别人快速识别你的标签，一个 IP 人设想要丰满起来，必须要有经历的加持。所以，你要在输出中大量加入自己的经历、案例、故事等素材。加入了这些内容，你的思考和观念才会变得有血有肉。

3. 不断重复

无论你的内容多好，都需要不断重复。你可以给自己打造一套知识体系反复讲，给自己整理一套方法论反复说，内容、观点和方法都可以重复，争取让每个读者至少看到三次同样的内容，并且通过直播、文章、分享等不同渠道让信息触达用户。

不用担心这会让用户厌烦，每个人在学习新知识时，都不是只学一次就能完全理解、认可和应用的，往往是第一次听会理解，第二次听会认可，第三次听会应用。

具体的做法可以是：围绕同一领域的主题写 50 篇干货文章，形成基本认知；围绕同一领域的主题回答 50 个提问并给出解决方法，建立自己在领域内的影响力；至少发 30 篇与个人经验和思考有关的内容，让自己和该领域产生关联。

如此一来，读者就会理解、认可和信任你，你就有了影响力，之后再去做其他事就会变得更加容易。

第四节

如何迈出创业第一步

我希望能通过这本书，向大家传递一种创业者思维，让大家了解到对于同样一件事，创业者会怎么看。

简单来说，创业者思维就是一种思维方式，你可以用它思考工作问题，也可以用它思考创业问题，还能用它来思考个人成长的问题。

就拿成长来说，很多人都缺乏自控力，做事拖延，行动不起来，并为这些问题愁得焦头烂额。但在创业者眼里，这些不过是基础问题，因为能用努力解决的问题，基本上都是简单问题。由此我们可以看出，普通人跟创业者对问题的思考根本不在同一个维度，如果你用创业思维去解决工作、成长中的问题，问题就会变得简单了。

创业者是怎么思考问题的呢？整合一切资源，去获取自己想要的东西。直白点儿来说，就是交易。你想要什么，就得拿其他东西去交换，一切都是要付出成本代价的，想要什么、我有什么、能换什么、需要补充什么，想清楚这些后，就要马上行动起来。

就拿读书来说，你读书是想要什么？也许是知识、能力、方法、思维，让自己变得更厉害。你为什么要变得更厉害？答案或许是想要换取成长、经验、名利等社会资源。

如果用创业思维来看，我们一切的努力和学习其实都是为了解决如何交易、如何提升交换的价值和效率的问题。从这个角度来说，普通人创业就是最大限度地放大价值交换的过程。你想一下，自己打工就是用一份时间成本换取一份收益，而创业者做出产品，就是用一份时间成本换取无数份收益。世界上少有比创业更能放大一个人价值的事。

当然，这个不是马上就能做到的，想达到这一步，还需要学习和努力。如果我们能从成长过程中就开始使用创业者思维，这样积累下来的收益就会很大。

如图 6-1 所示，普通人开启创业之路，需要经历三个阶段，特别是从零起步的人，更要好好利用这些阶段，只要你把每个阶段都做好，就很有可能比别人成长得更快。

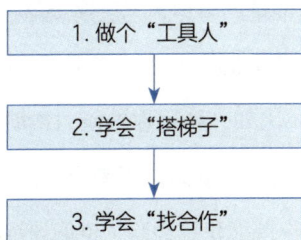

```
┌─────────────────────┐
│  1. 做个"工具人"     │
└─────────────────────┘
           │
           ▼
┌─────────────────────┐
│  2. 学会"搭梯子"     │
└─────────────────────┘
           │
           ▼
┌─────────────────────┐
│  3. 学会"找合作"     │
└─────────────────────┘
```

图 6-1 普通人开启创业的三个阶段

第一个阶段，先做个"工具人"。

你在还没有名气时，可以先做一个"工具人"，为用户提供一些工具价值。大家早期需要拥有的往往就是工具价值，无论是参与创业，还是帮别人做事，先做好"工具人"的角色才更容易得到机会。

比如，帮别人剪辑视频、搜集资料，帮团队做海报、运营活动、整理文档资料，这些事都可以体现你的早期价值，帮你获得一些入门机会。

早期别怕做"工具人"，因为这可能是你目前唯一能提供的价值。

第二个阶段，要学会"搭梯子"。

当你成为"工具人"后，自然就具备了一定的优势。但你会发现，想要做大事还是很难，因为工具价值没有附加价值，想要突破这种状态，还要把工具价值变成"值钱"的能力。这时候，你就需要进入第二个阶段，给别人"搭梯子"。帮助厉害的人做得更好，你自己也能从中获得合作创业的机会。

很多时候，我们都是在给别人"搭梯子"。你可能觉得自己在某个方面很厉害，但你缺少把能力变现的本领。这个时候，你就要学会帮别人"搭梯子"。比如，利用你的能力帮助别人把项目做起来，或者帮助运营别人的项目，既然做不来全部的事，那就先做好这部分的事。这样一来，你既能积累经验，也能训练自己的能力。

很多创业者都是早期先参与到其他创业公司中做项目，之后才有机会开启自己的创业之路。

第三个阶段，要学会"找合作"。

走到这一步，你已经有了自己的优势，但还不足以完全独立创业。这时候，你就得利用你的优势，去找合作的机会。

比如，我有产品、项目、社群、课程等后端的服务能力，但是我的流量小，我就带着品牌方案去找另一个流量大的人，一起把这个品牌做起来。

反过来，站在对方的角度也是一样，要学会用合作思维把蛋糕做大，得到更多的合作机会。

找合作，是在你的能力和资源都不足的情况下，唯一能帮你实现创业梦想的办法。

这三个阶段不仅是创业的过程，更是成长的过程。当你用创业者的视角看世界，对很多问题的思考自然就会豁然开朗。

第五节

从身份（ID）到个人品牌（IP）的转变

我们首先要明白一个逻辑，IP 都是从 ID 开始的，很多 IP 在成名之前，都只是一个 ID 而已。比如，罗永浩、张琦这些 IP，在成名之前，都只是很普通的人名。

也就是说，所有的 IP 都是从 ID 成长起来的，但只要大家对你的名字形成某种认知，你的名字就变成了 IP，这个是基本的逻辑。

如何从 ID 到 IP

做 ID 没人认识，做 IP 暂时又做不起来，那我们就可以把两个组合起来，先做"ID+IP"。

比如，职场阅读这个 ID 很难有 IP 属性，但如果把它换成"鱼堂主爱读书"这个 IP+ID，它就在所有读书博主里面变得独特了，这份独特就是 IP 的种子。

无论你想做什么，都可以把自己与正在做的事结合起来。比如你的方向是读书，就可以叫"某某读书"；你在写作，就叫"某某写作"；这些都是最容易被识别的符号。一旦你的名字跟某个领域结合起来，形成认知，你慢慢就能获得相关粉丝的认可。

小 IP 如何赚钱

就像前几章提到的，你可以先在其他社群分享，通过时间积累培养粉丝信任度，再慢慢去推广自己认可的东西。

交易就是金钱和价值的交换。只要你能拿出有价值的东西或别人需要的东西，你就可以与别人交易。带货、分佣都是能赚到第一笔钱的机会。

在这个过程中，你可以学会如何销售和做推广、运营，这个能力对于你今后卖自己的产品是很有用的。

通过持续分享某个领域的内容，在你慢慢形成专业知识积累后，你就有机会通过咨询和问答来梳理自己的知识体系，并将你对某个问题的解决方案做成自己的第一门课程了。

先通过 ID+IP 的方式把自己的招牌打出去，然后慢慢淡化 ID，最终你就真正成了 IP。

第六节

如何持续打造盈利的 IP

做自媒体，你会面对两个终极问题：一个是如何从"0"到"1"，另一个是如何从"1"到"无限"。

从"0"到"1"指的是培养一种专业能力、做好一个产品、写好一份内容等。

从"1"到"无限"指的是把产品销售出去、让更多的人认识你、看到你的内容等。

做好这两件事，一般意义上的成功就有了。我观察到大多数人都一直在从"0"到"1"的阶段，一辈子都在思考和学习如何从"0"到"1"，也就是学好一种专业能力，然后开始为公司打工，没有任何从"1"到"无限"的可能。

但如果你单纯做销售，也就是你帮别人去销售别人的产品，就会发现，你可能比这个产品领域内的一些专业能力很强的人赚得更多。就好比关注我的读者中，也许有的人实力比我强很多，但因为我一直在做自媒体，所以我可能比他们赚得更多。

对于所有普通人来说，自媒体就是最好的帮助你从"1"到"无限"的途径，这是我们过去的时代从未拥有过的。在过去的时代，你想从"1"到"无限"，唯一的方法就是做生意，但前期投入很高，门槛很高，风险很大，还需要有现金流支撑，所以很多人很难熬下去。

而做自媒体，你付出的只有时间，所以你不会撑不下去，可以一直做下去。虽然前期的放大效果非常少，你感觉不到太大的变化，但其实你已经在正确的道路上前进了。你要做的就是想办法创作更好的内容，并把自己曝光到更多人的面前。不一定要为了创作而创作，你完全可以把生活中的东西全部分享出来。你是上班族，那就分享职场心得；你是全职妈妈，那就分享育儿心得；你是读书达人，那就分享读书心得。如果这些标签你都有，但你还是不知道分享什么，这是为什么？那是因为你在这些领域的造诣不怎么高，所以你才没东西可分享。但这个时候你其实更应该分享。怎么样才能让自己变得有东西可分享呢？去学习、去读书、去咨询前辈、去上课，再把你学到的写下来，这就是分享。你不仅让更多人知道你学了什么，还借着这个分享途径巩固了所学知识。运气好的话，你的分享还会为你带来粉丝和评论，这将进一步促进你对所学内容的思考。

如果没人看你的内容怎么办？有个手动曝光的笨方法，我非常推荐新人去做一做：利用你加入的社群、参加的各种活动等多加微信好友，这些都是你未来从 1 到无限的铺垫。

从"0"到"1"的过程是最困难的，这也是实力积累的过程。有了这个"1"之后，你才有机会将这个"1"放大，获得收益。很多人却是颠倒过来的，他们妄想自己能够从"0"开始直接增加到"无限"，可他们最后还是等于"0"。甚至有些人越放大越糟糕，然后就觉得自己运气不好，与机会擦身而过。最根本的原因还是他们没有完成从"0"到"1"的过程。

我做自媒体的逻辑就是，先把自己变成更好的人，然后再将自己展示出来。

实力 × 展示量 = 收益，但实力是有上限的，要继续突破往往非常难，所以我们往往需要靠增加展示量来提升收益。这也是为什么知名演员能够有很高的收入，而许多为社会做出很大贡献的科学家和教授却没有很高的薪水，因为后者缺少了展示量。

当然，实力和展示量一般情况下是呈正相关的。如果你本身实力很强，那你的实力也有助于增加你的展示量。

反之，如果你的实力一般，那么你的展示量也就非常难突破，因为没人想看你的内容。更糟糕的是，如果你的实力是负值，那么你的展示还会带来反效果。

展示量本身也是一门学问，甚至有些人的专业就是研究如何更好地展示，比如小马宋和华与华。

但我觉得不应该本末倒置，我们还是应该把精力主要放在增强实力上，再利用小部分精力去研究如何展示。

人人都可以成为自媒体，甚至一些极为小众的行业，也有很多人会感兴趣。

后 记

　　帮助更多的人走向"一人公司"之路，开启最小规模的个人商业模式，是我们写本书的最大初衷。

　　之所以有这样的想法，是因为我们深刻地意识到，一个人仅凭打工很难获得财富自由。在组织中，每个人负责的工作，都只是公司的项目被拆分后的某个流程环节，所以只能赚到与这个岗位创造的价值相对应的收益。

　　用这样的视角来看，为什么企业的中层管理者赚得比普通员工多？简单来说，是因为他们可以赚到他们手下所有岗位所创造的收益。

　　为什么企业老板能赚得更多？

　　因为老板可以拿到公司所有岗位所创造的收益。

　　想办法赚到更多岗位的收益，是职场人的破局方法。

　　想创业当老板却没钱投资，想进入公司的管理层又谈何容易，如果我们普通人想实现这个愿望，该怎么办？

在过去，确实没有好的办法，但现在我们处于互联网时代，有着前所未有的资源和机会，互联网的存在让我们有条件通过自媒体去实现这个愿望，有机会赚到从前只有一家公司才能赚到的，一个项目全流程的岗位的收益。比如，你可以自己去做流量、做产品、做销售、做服务，从前需要很多人才能完成的工作，现在你一个人就有条件能够完成，从而赚到全流程岗位的收益。

最开始，我们的思路就是这么朴素，但真正实现起来，也是跌跌撞撞，踩过不少坑。在写这本书之前，我们两人已经创业了三年：第一年，我们以为做好产品就够了；第二年，我们开始重视流量；第三年，我们发现学会合作、搭建生态体系才最重要。

后来，我们不断地为一些互联网创业新人做商业咨询，当我们再回过头来看自己做一人公司的经历时，有了更深的感悟——做一人公司是一个系统工程，需要把流量、产品、营销、生态和个人 IP 都做好才行，经过几年的实践和思考，我们最终总结出来了这本书的核心内容—— 一人公司的五力模型。

希望这本书能帮你打开认知，重新用商业的视角去看待工作和金钱的关系。

希望未来能有更多的人，因为这本书开启"一人公司"的发展之路。

我们很庆幸能够生活在这个互联网时代，在这个时代，普通人也有机会去做大事、去接触过去从未接触过的东西，每个人都有机会做自己的 CEO。

期待未来能跟更多《一人公司》的读者交流和互动，也期待未来我们能在做"一人公司"的道路上相遇，有机会彼此学习、共同成长。

感谢觉醒品牌的所有用户，没有你们的支持和认可，我们两人不可能有今天的成绩。也谢谢你们的留言，本书收录了一些放在了最后，与大家共勉！

我们之所以做觉醒训练营，就是想带领大家一起成长，一起成为有理性、有理想、能独立、有责任感、追求进步、追求自由的新时代的新青年。

觉醒意味着，我们能够看到不一样的东西。

觉醒意味着，我们渴望变成更好的自己，愿意为自己打开新世界的大门。

觉醒只是人生新的开始，希望每个人最终都可以实现人生觉醒、财富自由。

最后也感谢亦仁、剽悍一只猫、粥左罗、曾少贤、魏小河、易洋、斯斯、芷蓝、达叔等老师在百忙之中为本书做推荐。感谢人民邮电出版社编辑袁璐、刘浩等老师不辞辛劳、精益求精地共同打磨内容。

本书取材于过往的创业经验总结，所提供的方法和观点融入了个人经验，不足之处在所难免，欢迎各位读者朋友批评指正。

鱼堂主

2024 年 10 月

觉醒品牌用户送给阿猫和鱼堂主的话

山高路远，且与觉醒共从容。

　　——觉醒团队：钰儿、小楠、
　　甜甜圈、轲以、林若醒、阿德

一起觉醒，自我超越！　——张可粒

关关难过，关关过。　——二丫吖

慢慢来，比较快。　——钱钰

觉醒之人，凡事必成。　——赵愿生

与同频知己一起觉醒，乃此生幸事。

　　——公子正

觉醒就是觉察，从浑浑噩噩的生活中
醒来。　——兜兜

浮生半载，遇觉醒，渐开悟。

　　——黔唱

觉醒之光，阿猫与鱼堂主。　——亦朵

觉醒者，事竟成！　——唐宋

他日定当齐肩。　——何家琪

觉醒品牌，助推超级个体。　——渊杰

一起觉醒，一起终身成长！

　　——高玮明

专注一口井，深挖出水来。　——富叔

靠近觉醒，真的很赚。

　　——米卡写作

不要贪恋，专注当下，一起觉醒。

　　——xiaoyv

很幸运遇到猫和鱼！　——晚霞

祝觉醒生态越办越好！　——小猪

先完成，再完美。　——唐糖弹

一起觉醒，携手同行。　——阿咩

流水不争先，争的是滔滔不绝。

　　——小雨姐姐

源梦觉醒，破茧成蝶。　——十一

既到此处，不战何为！　——进击的十七

于觉醒中，遇见自己。　——曜坤

以我为主，从我出发。　——启壕

上善若水，知行合一。　——吾若水六

觉醒者如晨曦初照于大地。　——卢伟

慢慢来，比较快。　——加一码

觉醒团队，我见众生皆草木，唯你是
青山。　——麦一

觉醒于心，力行于行。　——流月

感谢阿猫、鱼堂主打开我的创业任督
二脉。　——哎呀妈

觉醒者，事竟成。　——烟小锦

觉醒生态非常不错，在里面浸泡了不
到一年的时间，受益匪浅！感谢阿
猫！感谢鱼堂主！　——邹奇炜

纵有疾风起，人生不言弃。　——阿岚

觉醒是大IP孵化器。　——盖金香

觉醒，从不会太迟！——小牧

慢慢走，比较快。——张小闹

心之所向，无问西东。——星泽

七年觉醒，在实战中成长！

——王景拓

希望觉醒越做越好。——汪峰

新时代，新的个体将引领未来。

——星辰

慢慢来，比较快。——莎莎啊

觉醒重生，追寻内心的光芒。

——吴爽

在觉醒读 7 年大学，值得！——小酷

在热爱的路上，闪闪发光。——澜月

成功之路虽曲折，但觉醒者的眼中始

终闪烁着坚定的光芒。——赵天应

做自媒体，认准觉醒团队。

——如帆妈妈

七年觉醒，一路前行。——蓝蓝

觉醒是必修课。——罗春燕

人生至幸，觉醒同行。——好心晴

觉醒时代，继续前行。——琳千

低谷期是觉醒拯救了我。——倩希

觉醒七年，十倍成长。——小路

与觉醒一起十年退休！——丁小翼

做 IP，找觉醒！——阿朱

不积跬步，无以至千里。——雨果

感恩遇见觉醒，带我觉醒！——迪迪

慢且坚定。——虫洞

觉醒人生，涅槃重生。——真诚行

来觉醒，一起早日退休。——娇享阅

祝觉醒越办越好，做大做强。

——流沙

觉醒者，事必成！——狮心

祝新书大卖！——陌筱汐

觉醒者，知行合一。——惜年

觉醒者，事竟成！——许鹏磊

感恩觉醒平台，共同觉醒人生！

——大斌

觉醒之旅，乘风而行。——Andy

觉醒生态是自媒体人首选的家。

——阿欢

知足者富，强行者有志。——狗洪

觉醒越来越好，成功自己定义。

——廖鑫

一起觉醒，自由生活。

——从具体的小事做起

持续成长，觉醒之战。——陶白

觉醒者，事竟成！——大狸子猫

克己慎独，守心明性。——独一无二

觉醒者，一往无前心自高！

——Dawson

想不出来，想"开盲盒"。——依依

做一个觉醒的俗人，一步一步地慢慢

来。——璠然

十年觉醒，可摘星辰。——理白先生

加入觉醒！早日退休！——五豪豪

一起觉醒，一起创富！

——阿铭 Mamie

慢慢来，会很快。　　　——慢慢

一朝觉醒，七年奋进！　　——无岸

长期主义，稳中求进。——发发执笔

未来掌握在自己手中。　　——司强

只做有积累的事情。——蚂蚁先生

人生不弃，觉醒持续！　　——婷子

鱼遇到了猫，觉醒了整个生态。

——冰洋

第二次生命是意识觉醒。——金金

觉醒，定心神针。　　　——阿意

让之前的所有梦想，一个一个慢慢变

成现实。　　　　　　　——小雨

心灵觉醒，活在当下。　——清泉

相遇之初就结了不解之缘，七年相伴，

觉醒永不止步。　　　　——晨风

改变是浸泡的过程。　　——小小

觉醒，先察觉，后清醒。——豪冷

觉醒成长，必经之路。——小花花

觉醒之路，虽远必达！——好心晴

遇见你，开启觉醒成长之路。

——津悦

觉醒开悟，战则必胜。　——筱筱

觉醒是为了更热爱生活。

——支点探索者

先自己醒，再唤人醒。

——斌斌聊播客

觉醒自我，砥砺前行。　——愚大

觉醒，从避免变差开始。

——吖精

勿忘初心。　　　　　——程昱翔

相信自己有能力，比本身有能力更重

要。　　　　　　　　　——木子

靠近光，追随光，成为光。

——贰零

一次觉醒，终身成长。——曲建伟

越早加入觉醒，越早觉醒，无论主业

或副业都会受益，就看自己的行动力

了。　　　　　　　　　——灵燕

一起觉醒，与君同行！　——老陈

与觉醒一起慢慢变富。　——老高

保持好自己的热情，加油！——徐徐

人生漫漫，一路与觉醒前行。

——笑笑

道阻且长，行则将至。——宅心人厚

觉醒，从不会太迟！　　——小牧

觉醒者，事竟成！　　　——夏夜

凡事发生必有利于我！

——林小梦

觉醒人：Together, Slower, Higher, Stronger。

——开例 kaily

觉醒的自己也能完成一次逆袭。

——莫白君

觉醒从来不晚，改变就在当下。

——前行的愚者

觉醒者，事竟成。　　——商玄明

主动即自由。　　　　　——陈中

做自媒体的路上，遇到阿猫与鱼堂主，是一件想起就觉得庆幸的事。
——临公子

慢慢来，比较快。　　——逆熵增者

众行者远，一路觉醒。　　——闲客

不下牌桌，慢慢觉醒。　　——花猫

觉醒者，事竟成。　　——恩可

模糊越轻微，人就越清醒。
——哇哦 wow

加入觉醒，你将有无限可能！
——柯心岸

和觉醒一同成长！　　——向阳

在觉醒，成长变现看得见！
——橙果（梁晶）

觉醒者，事竟成！　　——心晴雨也晴

觉醒后，人生无限。　　——晴书

觉醒一直在深深地影响着我的未来！
——书华

每一次觉醒，都是一次生命的重生。
——安小博的许愿池

未来 7 年，一起觉醒创富。
——凉汐婷

好好活着。　　——阿辰

人生，总要觉醒一次。　　——鱼安

觉醒之路，咱们一起走。
——江南老妖

当认知不再假寐，即觉醒。
——阿咪哎

觉醒为灯，一步一脚印。　　——凡尘

觉醒只在一念之间，修行需要时时刻刻。
——正正

心力强，人就不迷茫了。
——是微光叮

觉醒者，事竟成！慢慢来，走得快！
——小牧同学

拥抱觉醒，羽化成星。　　——亦羽仙

觉醒暴富，早日退休。　　——肉妈

有志者，事竟成。　　——时遇

念念不忘，必有回响。
——付研竑

风风雨雨是奋斗者的营养，坎坎坷坷是有志者的乐章。　　——张靖爽

觉醒者，事竟成。　　——王可多

保持觉醒，是对未来负责。
——PANDA

觉醒的人只有一项任务，找到自我、沿着自己选择的路向前走，从不停止。觉醒自己，让自己拥有更多的人生可能性。　　——小杨

慢慢来，走得快！　　——张闳玫

觉醒，成就自我。　　——半暖

变好，要从避免变差开始。
——南宫同学

行动是解药，从此觉醒。
——沧海 Mariner

做自己，避免焦虑、内耗、攀比。
——东东

觉醒者，事竟成。　　——简